西藏民主改革60周年献礼图书

图书在版编目（CIP）数据

老照片新西藏. 六 / 陈琳著. -- 拉萨 ：西藏人民出版社，2019.7
ISBN 978-7-223-06344-9

Ⅰ.①老… Ⅱ.①陈… Ⅲ.①西藏—地方史—图集
Ⅳ.①K297.5-64

中国版本图书馆CIP数据核字（2019）第079728号

责任编辑\ 李海平
计美旺扎
装帧设计\ 武汉雪域文化工作室

老照片·新西藏（六）
陈琳\ 著
西藏人民出版社出版发行
（西藏·拉萨林廓北路20号）
新华书店发行
武汉市星星图文设计中心
武汉新鸿业印务有限公司
开本 889mmX1194mm 1/16
字数 380千字
印数 1-600册　印张 17.78
2019年6月8日第一次印刷
ISBN 978-7-223-06344-9
定价：368.00元

西藏民主改革60周年献礼图书

老照片·新西藏（六）

陈琳　著

西藏人民出版社

目 录

前言

短诗一首：《回到从前》

陈 琳

那年，是哪一年，
那年，是一张褪色的老照片。
那年，是哪年，
那年，总是魂绕梦牵我们的童年。

那年，是哪一年
那年，是青春万岁的瞬间，
那年，是哪年，
那年，梦想遗落在藏乡和枕边。

那年，是哪一年，
那年，是我们共同的从前。
那年，是哪年
那年，我们说过二十年后高原再见。

走的累了，
让青春回家看看吧；
走的久了，
让时光倒流一次吧；
走的倦了，
让记忆展望从前；
走的远了，
让童真回驻心田。

回到那年，
回到那天，
回到西藏老照片的从前，

回到那一年，
回到那一天，
其实，从前从未走远。

二、书 法

阴法唐　江村罗布　才旦卓玛
常留柱　王贵　　　韦林玉

解放

阴法唐 2019.3
于北京

བཅིངས་འགྲོལ།

དཔྱིད་རྩྭ་ཐང་།

༢༠༡༧ ལོའི་ཟླ་༣པར་པེ་ཅིང་དུ།

庆祝西藏民主
改革六十周年

己亥惊蛰

江村罗布

དམངས་གཙོའི་བཅོས་བསྒྱུར་བདང་ནས་ལོ་ངོ་
དྲུག་ཅུ་འཁོར་བར་རྟེན་འབྲེལ་ཞུ།

ས་ཐག་ལོའི་དཔྱིད་དུས་སུ།

རྒྱལ་མཚན་ནོར་བུ།

共产党来了苦变甜

才旦卓玛

2019.3.3.

ཀུང་ཁྲན་ཏང་སྐྱེབས་ནས་སྡུག་བསྔལ་

བདེ་སྐྱིད་ལ་བསྒྱུར།

ཚེ་བརྟན་སྒྲོལ་མ།

སྤྱི་ལོ་༢༠༧ལོའི་ཟླ་༣པའི་ཚེས་ཉིན།

我心中的歌
献给解放军

常留桂
二〇一九年二月二日

ངའི་སེམས་དབུས་ཀྱི་བསྟོད་གླུ།
བཅིངས་འགྲོལ་དམག་ལ་འབུལ།

ཁྲང་ལིའུ་ཀྲུའུ།

༢༠༡༧ ལོའི་ཟླ་༣པའི་ཚེས་༢ཉིན།

翻身农奴把歌唱

王贵

2019.3.

ཡར་ལངས་ཞིང་བྲན་གྱིས་གླུ་དབྱངས་ལེན།

ལྷང་ཀུའེ།

༢༠༧ ལོའི་ཟླ་༣པར།

镜观西藏

肃林玉
二〇一九于北京

མི་ཡོང་ནས་བོད་ལྗོངས་ལ་ལྟ་བ།

ལྷེ་ཞིན་གཡུ།

༢༠༡༧ལོར་པེ་ཅིང་དུ།

三、合影，永不再来

1.毛主席和我们在一起
2.周总理接见解放军代表
3.《洗衣歌》的荣耀
4.益西卓玛见到了毛主席

毛主席和我们在一起

1963年3月30日，内调回国家地质部重庆地质学校的18军老战士刘慕作，作为学校人事科负责人，赴京参加“九部全国专业性人事工作会议”，在中南海受到毛泽东、周恩来等党和国家领导人接见并合影留念。

（图片来源：刘小婴）

石油·地質·建筑工程·紡織·交通·水利电力方面的全国性专业会議的全体人員时合影 一九六三、三、三十、于北京

周总理接见解放军代表

1965年8月，年仅30岁的苏国柱，被西藏军区政治部授予西藏军区业余文艺创作积极分子，11月20日在京参加“全国青年业余文学创作积极分子大会”。西藏军区共有7名同志与会，10月20日，派一台客车送到青海西宁，换乘火车赴京。11月5日，抵达北京到解放军代表团报到，成都、昆明、西藏军区编为西南组。

大会于11月20日召开，周扬部长到会讲了话，彭真书记专门作了报告。会议结束前，敬爱的周恩来总理、朱德委员长等党和国家领导人专门接见了大会代表，并与大会代表合影。该合影迄今54年。

（图片来源：苏国柱）

学創作积极分子大会全体人員合影 一九六五年十一月二十八日 于北京

《洗衣歌》的荣耀

1964年4月，全军第三届文艺汇演在北京举行，西藏军区文工团的参演节目《洗衣歌》，以其独特和清新的表演形式，一举获奖。这曲歌颂军民鱼水情，极富高原民族特色的歌舞，迅速红遍祖国大地。

2019年5月，我通过著名诗人高平，联系到了今在上海定居的赵邦玲。当年，作为《洗衣歌》的主要舞蹈演员之一，赵邦玲参加了在京的第三届全军文艺汇演，见证了《洗衣歌》的成功。

如今，《洗衣歌》传唱了半个多世纪，演员亦几易其人，但昨夜星辰，依然闪烁。

（图片来源：赵邦玲）

《洗衣歌》在京演出剧照（赵邦玲前左二）

1964年“八一”建军节，朱德委员长接见
西藏军区部队文艺工作者（赵邦玲左）

赵邦玲，1936年出生，四川宜宾人，
1950年徒步进藏的18军54师文艺战士。

西藏军区文工团的几位舞蹈演员（赵邦玲左一）

1965年，西藏军区文工团出访尼泊尔，与马亨德拉国王夫妇（中）合影（赵邦玲前右三）。

1964年，周总理、刘少奇等党和国家领导人接见全军第三届文艺汇演部分演职员（赵邦玲二排左七）。

1964年，西藏军区文工团出国前汇报演出，受到陈毅副总理等领导人接见（赵邦玲前右四）。

益西卓玛见到了毛主席

今年87岁的益西卓玛，退休前曾任西藏自治区妇联主席、西藏自治区纪检委常务副书记。

2018年8月，我在成都西藏干休所的家中，见到这位饱经沧桑的“阿妈啦”，从她苦难的身世到参加解放军，以及后来在江孜、日喀则等基层战线工作，革命生涯几十年，最大的荣誉是50年代末，作为西藏青年代表团的成员赴京，受到毛泽东主席和国家领导人的亲切接见。

“共产党、毛主席才是我们百万农奴的救星”。

（图片来源：益西卓玛）

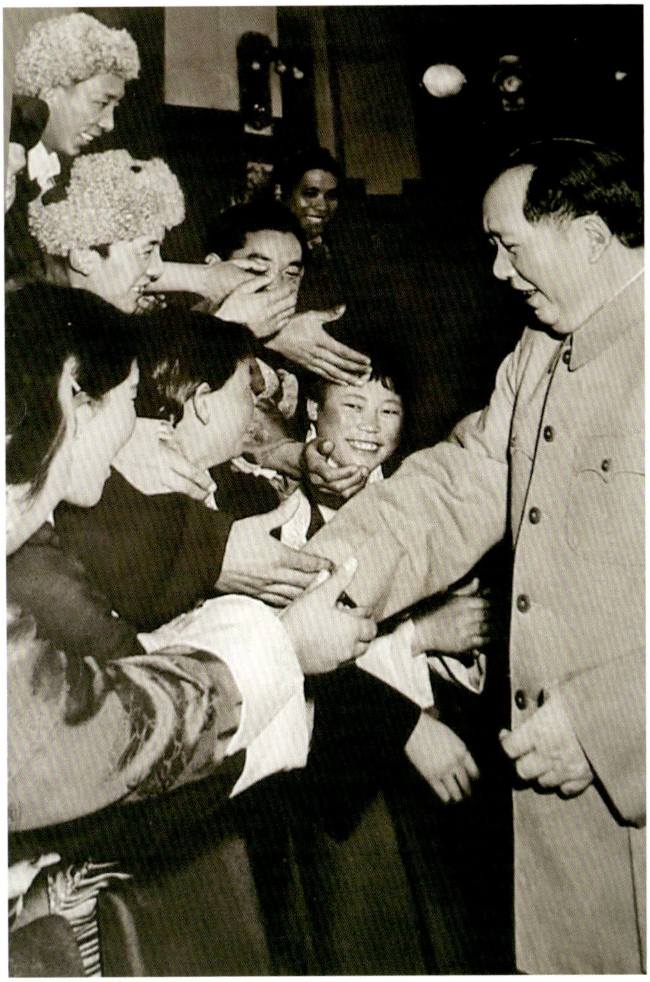

益西卓玛（一排左二）和毛主席握手，那一年，她才21岁。

1965年，益西卓玛（右）参加西藏自治区第一届人民代表大会第一次会议。

四、我们的解放军

谭冠三、金绍山将军旧照

谭冠三、金绍山是两位远离我们而去的老西藏，在西藏人民心中挥之不去的解放军。两位功勋卓著将军的影像资料散见于民间，这里一组图片是在成都和上海征集并首次公开发表的。

（图片来源：曹景、申竹林）

1956年冬，西藏军区政治部保卫部保卫干部训练班结业，西藏军区金绍山副政委（二排左四）接见全体同志并合影。为迎接陈毅元帅来拉萨，新换装，保卫部薛部长(二排左五)，申竹林(前排右一)。

五十年代初，53师师长金绍山（后右一）与52师曹旭（前右二）、王永祥（后右二）、牛健（前右三）合影。

一九五〇年三月，进军西藏前，在四川省夹江县的天主堂，谭冠三政委（中）给五十三师排级以上的干部作进军西藏的动员报告。

18军52师师长张忠

张忠，1912出生，安徽省六安市人。

1930年，参加中国工农红军，参加了北上长征。解放战争时期，任新四军第五师三旅副旅长，陕南军区第四军分区副政治委员，豫皖苏军区第三军分区司令员。1949年，任第二野战军十八军五十二师副师长、师长，1950年，在川西剿匪作战中立一等功。

1953年，进藏途中任西藏军区筑路部队司令部副司令员。

1955年，授予少将军衔。

（图片来源：张晋）

18军52师师长张忠

1952年在朝鲜

志同道合的夫妻

1976年到贵州省军区。

在甘肃省军区和何家庄民兵在一起，张忠（右）。

在四川乐山与孩子合影。

18军首任卫生部部长陈致明

陈致明，1918年10月出生河北省交河县西流堡村。

1938年7月参加革命。曾任冀鲁豫军区南进支队后方医院院长，冀鲁豫军区卫生部卫生主任，豫皖苏军区卫生部部长。1949年2月至1951年5月任十八军后勤部副部长兼首任卫生部部长。

陈致明医术高明，在18军转战西南以进军西藏的途中，抢救了无数在筑路中受伤和危害伤员的生命，外科手术理论和实践在部队享有盛誉。后调国家卫生部，任防疫司副司长、计划财务司司长、办公厅主任、卫生防护局局长等。

（图片来源：陈原捷）

进藏时的陈致明

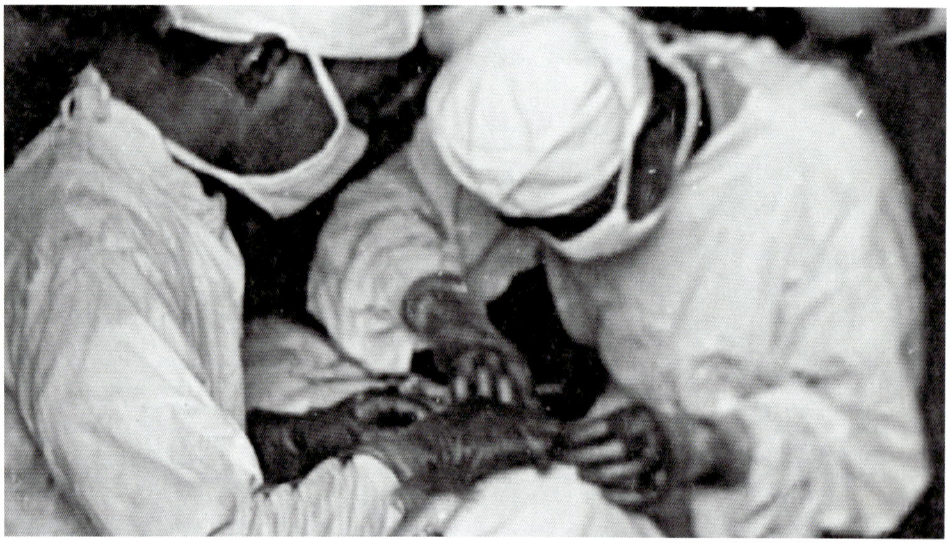

医术高超的陈致明（右），在战地医院的手术台上。

1954年，在江西乐平县，陈致明（右一）与战友合影。

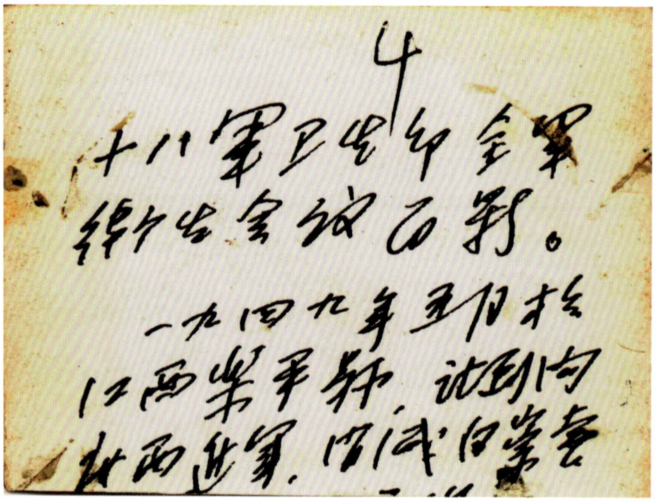

陈致明手迹

1949年，在重庆18军军首长合影。张国华（前左一）、谭冠三（前右一）、陈致明（后左二）。

1947年，在豫东，豫皖苏军区卫生部与战友合影，陈致明（前左二）。

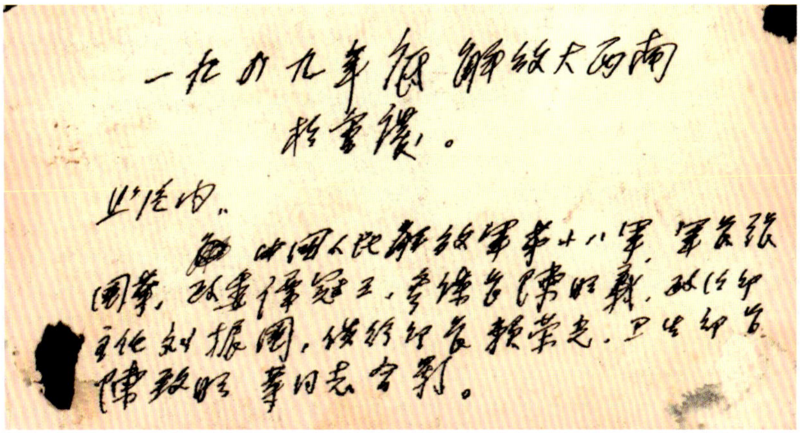

一九四九年解放大西南
于重庆。
此像内：
中国人民解放军第十八军，军长张国华，政委谭冠三，参谋长陈明义，政治部主任刘振国，后勤部长赖荣光，卫生部长陈致明等同志合影。

陈致明手迹

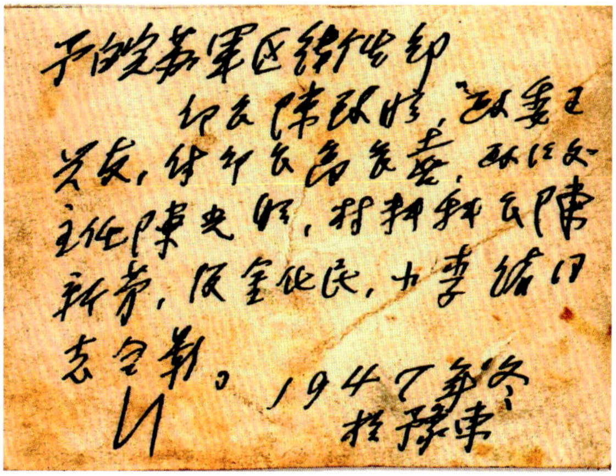

豫皖苏军区卫生部
部长陈致明，政委王光友，供给部长[illegible]，政治处主任陈[illegible]，材料科长陈新芳，[illegible]，[illegible]李[illegible]同志合影。1947年冬
于豫东

陈致明手迹

18军卫生学校第一任副校长曹旭

曹旭，1917年出生，河北省完县人。

1937年参加中国工农红军，历任延安中央医院护理员，八路军总部延安卫生学校班长 。

解放战争时期，任晋冀鲁豫野战军医院副院长，晋冀鲁豫野战军第七纵队20旅卫生处副处長，第一纵队20旅卫生处处長。1949年编入18军52师，任卫生处处长，1950年任18军卫生学校第一任副校长。1957年调上海胸科医院，任副院长、党委书记等，直至离休，终身从事党的医务工作。

（图片来源：曹景）

俊朗英气的曹旭

在第七军医大学全家合影留念

1951年，18军卫生学校在四川邛崃县合影。

前排坐者右一为王积和副政委，前右二为曹旭副校长、右四为闫政委、右五为何俊英副校长，抱小孩站者为张雪玲（首批进藏女兵）。

1952年8月，18军后方整编委员会于四川新津合影。（曹旭前排左13）

1950年，18军卫生部卫生学校改编成立，随军入藏，在极其艰苦条件下，承担了进藏部队疾病预防、治疗任务。

副校长曹旭（前排右一、穿呢制服），闫政委（前排右二、穿呢制服）。

暮年范明将军

对于西北进藏的范明老将军，李维汉同志曾有过一个形象的概括："多才多艺，多灾多难，多福多寿"。1980年任陕西省政协副主席，离休后，怀着对西藏和藏族人民的眷恋，又多次进藏参加社会活动。

2010年3月23日18时，范明同志去世，享年96岁。

（图片来源：陈钦甫、陈培勤）

1995年9月6号，应邀参加西藏自治区成立30周年活动的范明（左）参观羊八井电站，与时任区党委副书记丹增（中）、18军老战士陈钦甫（右）合影。

1985年9月，班禅在刚落成的拉萨饭店，向范明将军赠送了亲笔题字签名、盖章的照片，以做留念。

1998年9月15日，范明将军（前一）任荣将军（后右二）应邀参加西藏民族学院建校四十周年活动，在办公大楼前与校领导马英林等（左一）握手相逢。

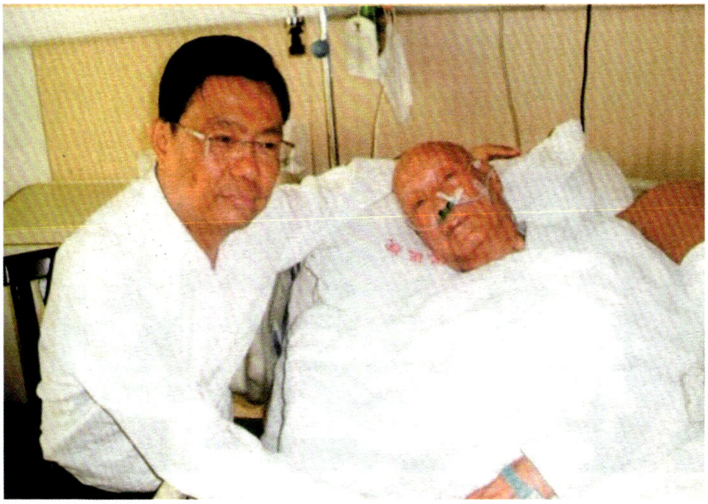

2009年4月19日，时任陕西省委书记赵乐际代表国家领导，前往省人民医院看望病危的范明将军。

苗丕一的西藏人生

苗丕一，山西省长子县人。

1938年，参加革命，曾任八路军冀鲁豫军区水东独立团政委，豫皖苏军区独立旅三十团团长、副旅长，18军53师师长兼政委。建国后，历任中共西藏工委波密分工委书记、军分区司令员兼政委，中共西藏工委昌都分工委第二书记、军分区政委，西藏自治区人大副主任等职务。

（图片来源：苗汴生）

戎装苗丕一

抗战时期的苗丕一(中)

18军将士们合影，谭冠三（前右二）、苗丕一（后左一）。

1954年，波密筑路工地庆祝元旦、迎新年。

冲刺！女子短跑冠军！

上世纪六十年代，西藏军区总医院女兵胡佩玲，因为短跑天赋和刻苦训练，记录了一段西藏田径体育的辉煌。这位18岁从甘肃入伍的西北姑娘，身高168，身体素质优秀，短跑爆发力、耐力技高一筹，1965年，入选西藏军区体工队，先后参加了全军和西藏自治区的运动会，100米短跑成绩14秒1，200米短跑29秒5的好成绩，刷新了原有纪录，而且这个纪录，一直保持了10余年。

据胡佩玲回忆："张国华军长对我很器重，他指示：送这'傻'丫头去军校学习吧……"，后来，胡佩玲学习结束，回西藏服役15年，转业回原籍。

（图片来源：胡佩玲）

1965年，参加广州全运会部分选手合影（胡佩玲前排右一）

1966年胡佩玲

训练场上也不示弱（胡佩玲右一）

1965年，代表西藏军区参加自治区运动会获女子100米接力冠军的四位选手（胡佩玲左一）。

身后是比赛和训练场地（胡佩玲左一）

练习起跑（胡佩玲中）

时年20岁的胡佩玲在第一届西藏运动会上的冲刺、破短跑纪录的瞬间！

第一名
第一名
第一名

1965年5月，西藏军区田径队参加“西藏第一届运动会”，囊括了女子田径总分、男子田径总分、女子4x100米接力、男子4x100米接力、男女田径总分五个奖项的第一名。

西藏军区总医院的胡佩玲（前排右二）在本届运动会上的女子短跑100米中崭露头角、表现不俗。

图为全体运动员合影。

五、可敬的爱国藏族友人

1. 朗顿庄园与解放军
2. 富甲一方的藏族巨商

朗顿庄园与解放军

上世纪五十年代进藏初期，18军政治部文化部部长夏川，在兼管统战工作的同时，与爱国上层贵族卸任司伦（首席大臣）朗顿·贡嘎旺秋一家结下了一段深厚的情谊。

朗顿·贡嘎旺秋(1907-1981年)是十三世达赖喇嘛的亲侄子（其父朗顿·顿珠多吉是老大，十三世达赖是老四），在祖父（朗顿·贡嘎仁钦公爵）和父亲去世后，成为朗顿家族继承人。14岁进入西藏地主政府供职，19岁成为当时的司伦彭雪的助理，1928年，成为司伦（政府大臣，仅次于噶伦），进入西藏地方政府的最高层。朗顿·贡嘎旺秋为人正直、忠厚，积极拥护共产党、解放军，是坚决拥护西藏和平解放和《十七条协议》签订的上层爱国人士。

（图片来源：芦继兵）

朵噶・彭措饶杰（1903—1957）(中)，拉萨市人。1939年后，曾任西藏地方政府孜康办事员、噶厦秘书，西藏地方政府警卫代本（警卫团长），藏军马基（总司令），西藏地方政府噶伦。中华人民共和国成立后，任西藏军区副司令员。1955年被授予中将军衔。获一级解放勋章。1957年3月13日在日喀则逝世。

1951年以后，拉乌达热・土丹旦达（右）先后任自治区政协副主席兼归国藏胞接待委员会副主任，兼西藏自治区宗教事务局局长，第五、六届全国政协委员。1985年6月病逝于拉萨。

1951年，18军进驻拉萨，部队住房困难，朗顿·贡嘎旺秋同意部队在他的庄园范围内搭帐篷、盖房子，还主动把一幢藏式楼房让给军政治部办公。1951年，夏川（后中）和朗顿（后左一）及儿子班觉、女儿次仁卓玛，在他赠送给18军政治部的楼前合影。

1952年，夏川和朗顿12岁的女儿次仁卓玛和7岁的儿子贡保次旦在庄园合影。

1953年，夏川夫妇在朗顿赠送的藏式楼前留影。

上世纪七十年代朗顿一家，后排左始：二儿子贡保次旦、大儿子班觉夫人拉仔、班觉、大女婿努马·旺堆、大女儿白姆，白姆的女儿白芨（前排中）。

朗顿·贡嘎旺秋精通藏医学，撰述有一批颇有价值的著作，晚年担任着全国政协委员、西藏自治区政协副主席等职。

1965年，朗顿（前排右二）、阿沛（右三）、阿沛夫人（右一）、班禅（右四）和自治区筹委会领导人合影。

七十年代，朗顿和孙女白芨（左）、白珍（右）在一起

2005年，夏川之子芦继兵（左三）在拉萨与朗顿的后代班觉、贡保次旦、次仁卓玛、罗布次仁合影。

2001年，夏川长子芦继兵在这个有七八十年历史的朗顿藏式楼前。时年为西藏军区政治部小车队的宿舍和停车场。

富甲一方的藏族巨商

邦达仓，指的是邦达阳佩、邦达绕噶、邦达多吉三兄弟的邦达家族。从民国初年到20世纪50年代末，邦达仓是云、贵、川、藏著名的商号，声明远扬印度、缅甸、尼泊尔、不丹等国家。

在西藏现代史上邦达仓为脚踏商、政两界，屈指可数的巨商豪富。1942年，邦达仓在康定建立了“康藏贸易股份有限公司”。同年7月，在理塘设邦达仓总号，带动藏族商贩不惜一切支援西南大后方。1950年冬，人民解放军野战军第十八军进军至甘孜、昌都等藏区，邦达多吉打开粮仓接济和辅佐部队，使人民解放军在藏区站稳脚跟和继续西进高原。20世纪50年代中前期，川、甘、滇、青发生武装叛乱，邦达家族及其管辖地域无人参叛。

邦达多吉的一生，他既是一位巨商，也是一位势力显赫、具有远见的官员，在西藏近代史上，堪称维护祖国统一的爱国典型。

（图片来源：贡扎曲旺）

西装革履的三兄弟：右始：邦达多吉、邦达阳佩、邦达绕噶。

1948年，“西藏商务代表团”与国际友人合影。
左始：邦达绕噶、夏格巴、强基、索康四品官、莱顿纳。

藏族巨商邦达多吉与家人合影。

“西藏革命党”的领袖们，左始：邦达绕噶、土登贡培、江乐金。

图为邦达仓故宅，位于芒康县交呷古秀邦达村。

六、战地风采

1.革命老区战斗风貌
2.剑指西南、挺进四川！
3.革命家庭
4.通讯兵步兵学校学员风采
5.昌都战役立功喜报
6.山间铃响马帮来
7.汽车16团有个女子篮球队
8.1965年，解放军代表赴京记

革命老区战斗风貌

这三张照片有明显地域、服饰特征的老照片，选自苗丕一的历史影集，反映的分别是上世纪四十年代豫皖苏革命老区时期的部队风貌。

（图片来源：苗汴生）

1946年，在河南太康，水东独立旅三十团党员大会。三位领袖像挂在墙上，会场气氛庄严、肃穆。

1946年，在河南太康，水东独立旅机关干部合影（苗丕一右二）。

照片里的小战士稚气未脱，革命武装逐渐在壮大。

剑指西南、挺进四川！

2018年8月20日上午，我在西藏老领导苗丕一长女苗汴生的陪同下，到成都洗面桥西藏干休所，在其久未居住的家中，翻箱倒柜，找到了一组从豫皖苏革命老区辗转西南进藏前夕的一组老照片，因为是第一次公开发表，不失为军史的宝贵资料。

（图片来源：苗汴生）

在川康藏区边界苗丕一（前左四）何祖荫（二排左一），邦达仓（前排左三）。

前排战士脚下是渡江的木筏。

战士们身上背的斗笠，应该到了江西。

进军大西南途中，向百姓宣传。

擎旗、列队

两军交火

关帝庙前庆“大捷”

出发前，发军饷。

革命家庭

1949年冬，为报效祖国、解救水深火热中的藏族同胞兄弟，无数的爱国青年从安徽、河南、四川，从祖国的四面八方，投身进军西藏的革命洪流。

他们有的是兄弟姐妹；有的是新婚夫妇和恋人；有的是在进军途中结为的革命伴侣；告别父老和襁褓中的婴儿，携手并肩，参加人民解放军第18军，走向高原。

这里选编的闫佳琪姐妹俩、陈钦锋兄弟俩、靳广明“一大家”是这众多革命家庭的一个缩影。

（图片来源：闫佳琪、苗汴生）

闫佳琪（右）、闫家琼姐妹俩。

陈钦镃（左）、陈钦锋兄弟俩

进藏途中陈钦锋（中）与志道同和的进藏女兵安佩（左）结为夫妻，一家三口都是18军战士。

1950年，张世芳夫妇同年进藏。

张世芳（左），1945年参军，河南省杞县人。靳朗公，1943年参军，河南省杞县人，1950年同时进藏。

靳广明，1942年参军，1950年进藏，河南省杞县人。

1949年，靳广明和胞弟靳朗公（右二）一起从河南参军，图为与家人惜别。

靳广明（右）后来与战友苗丕一（左）结为夫妇，为西藏的解放奉献一生。

通讯兵步兵学校学员风采

1957年03月06日，王质彬在四川大邑县安仁镇通信兵第一预备学校学习，全体优秀学员合影。

（图片来源：王质彬）

1957年3月6日，西藏军区通信兵第一预备学校第一期先进分子和优等生合影。（后排左二：王质彬）

昌都战役立功喜报

2018年8月盛夏，我到成都军区总医院干部病房探望黄宗勤，虽已经古稀，老人仍然身形伟岸，不减当年勇。据他口述，1950年他所在的155团六营三排，承担着正面阻击敌人的主要人物，战斗中他机智勇敢，充分利用身强力壮和人高马大的优势，冲锋陷阵，趟水过河不怕牺牲、英勇无畏，1950年10月，被18军司令部、政治部授予昌都战役“集体功”和“个人三等功”的荣誉。

黄宗勤终身服役西藏部队，最后以山南军分区顾问的职位离休成都，安享晚年。

（图片来源：黄宗勤）

进藏前在蓉留影

锈迹斑驳，不掩英雄本色（黄宗勤右）

中国人民解放军第18军颁发的“立功喜报”

高人一头的黄宗勤（前排左三），机枪好手。

山涧铃响马帮来

叮叮当，叮叮当……

在西藏察隅县的高山峡谷，常年累月回荡着一队马帮的铃声。

守卫察隅边防的战士们，只要一听到153团骡马队这类似于编钟的声音，立刻喜不自禁，“马帮来了！给养来了！报刊来了！家信来了！”

153团骡马运输连，组建于1960年10月，是活跃在察隅边防一支特殊运输连。连长、政治指导员、排长、司务事、兽医等为现役军人，班长、战士等为藏族牧工。全连3个排(两个运输排，一个管理排)，每排3个班，每班10人，每人管10匹骡马。负责察隅边防团5个边防点的战备物资、军需给养以及往来信件的运输任务。

这段鲜为人知运输连队的故事，是曾经在察隅边防战斗生活的老兵苏国柱讲给我听得。

（图片来源：苏国柱）

运输连马帮通过察隅河铁索桥，脚下是湍急的河水。

运输连翻越常年积雪的日秀拉雪山。“为了边防战士们的幸福，自己苦一点算什么”。

通过狭窄的山路，为减轻马的负重，只能人扛！

路上的风餐露宿是常有的事。

日夜兼程，终于到部队驻地了！负重的骡马也是英雄！

空闲时间，自己动手修鞍具。

“琳琅满目”的商品，送来的是党的温暖，让战士欣喜不已。

驻地转移

汽车16团有个女子篮球队

刘继荣（原名刘继蓉），女，汉族，中共党员，四川省富顺县水务局离休干部。

1933年11月23日出生在河南巩县（现为巩义市）芝田村。1948年10月在18军随营学校入伍，任班长。参加淮海战役、渡江战役，解放大西南战役等。

1951年—1954年在甘孜汽车十六团干部处任干事，期间作为16团的女子篮球队员，见证了一段高原部队体育的历史。

（图片来源：刘继荣）

因为是黑白老照片，无法辨别运动服的颜色了，但女篮4号是毋庸置疑的了。

从服装上判断，应该是在后方医院和战士们篮球友谊赛

刘继荣（前右一）和篮球队员

第二任政委、篮球队长。

印有汽车16团字样的篮球服

回眸一笑百媚生

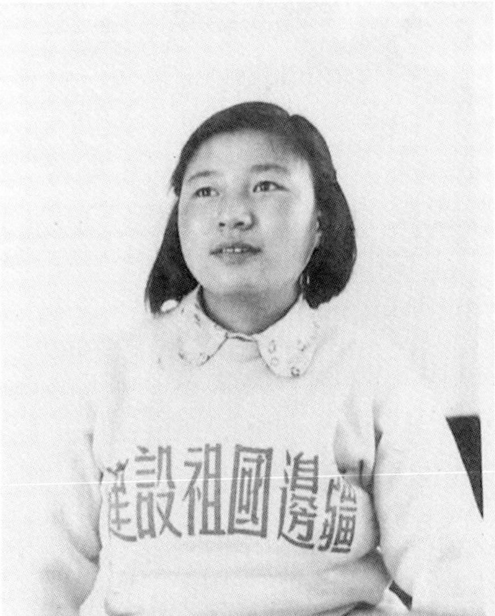

建设边疆标志性服装

16团干部处全体同志在甘孜（刘继荣后左一）。

1965，解放军代表赴京记

1965年11月，“全国青年业余文学创作积极分子大会”即将在京召开。喜讯传来，赴京的7名同志：昌都军分区组织科副科长苏国柱、山南军分区宣传干事解瑞胜、日喀则军分区卫生队医助尼玛、查果拉边防队排长张俊岐、11师宣传队队员张东林、汽车16团宣传干事刘铁生、419部队宣传队队员蒋礼欣。

1965年9月，这7名分别来自部队基层的先进代表，首先在拉萨集中学习，10月20日，军区政治部派一台客车送他们先到西宁，再换乘火车，11月5日抵达北京。尔后，到解放军代表团报到，和成都、昆明军区一起编为西南组。

会议期间，他们受到周恩来总理等国家领导人的接见，并参观了首都名胜古迹，实现了多年的北京梦！

（图片来源：苏国柱）

七名代表在天安门留念（苏国柱二排右一），请路人帮助拍摄。

苏国柱同志与张书魁同志合影

唯一的一位藏族战士尼玛在颐和园

北京的人民大会堂（苏国柱右一）

七、藏地影事

1. 西藏新闻电影的先锋——郝玉生
2. 《飞越天险》及其他
3. 邂逅《波密王》
4. 妙笔生辉画《农奴》
5. 《农奴》的摄影师韦林玉
6. 翟俊杰和《西藏风云》

西藏新闻电影的先锋——郝玉生

2018年5月7日，我放下原中央新闻电影制片厂老干处陈文江的电话，即搭地铁与他会合，在陈文江的介绍和引荐下，我认识了郝佳——原新闻电影制片厂厂长郝玉生之女。

1950年，郝玉生作为摄影总领队，随军拍摄了建国后第一部反应西藏解放纪实的新闻纪录片《进军西藏大军行》，之后，他们再赴高原，相继拍摄了《光明照耀西藏》《百万农奴站起来 》，六十年初，再次挥师西征，打造了长纪录片《中印边界问题真相》。这一系列长纪录片，构成了最真实、最直观反应西藏社会变迁的影像记录，迄今为止，也是最权威的。

半个多世纪过去了，如今健在的藏族“新影人”扎西旺堆回忆来时走过的路，仍然是感慨万千。西藏新闻纪录片、文献片，永远载入中国电影的史册。

（图片来源：郝佳）

1951年，郝玉生拍摄大昭寺。

2002年，郝玉生夫妇与阴法唐(右二)夫妇在家中合影。

郝玉生，1938年参加八路军，建国后，历任中央新闻纪录电影制片厂摄影师、编导、总编辑、厂长等。

1950年，进藏途中郝玉生与18军魏克（右）合影。

1951年4月，新影厂摄影师关志俭，在甘孜患高原性急性肺炎，因病去世。

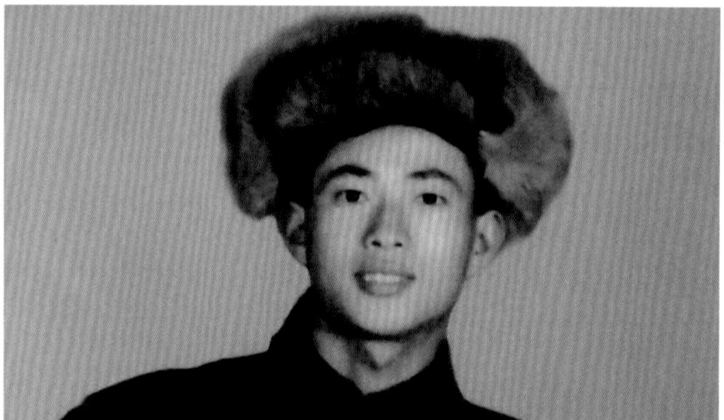

1950年，随军进藏时的郝玉生。

拍摄新闻纪录片《光明照耀西藏》几位摄影师（助理摄影师）合影。前排左起：王喜茂、扎西旺堆。（后排左起：郝玉生、張永生。）

进藏途中，与藏族牧民亲密无间。

郝玉生（前）、张永生等同志在进军西藏途中过娘角河寒冷刺骨的江水，新闻摄影的战士们勇敢无畏。

1950年，进藏途中经过泸定桥（前为郝玉生）。

《飞越天险》及其他

1956年在全国公映的彩色故事片《飞越天险》，是新中国成立后首部描写年轻的人民空军突破高原天险，勇闯飞行禁区的影片。虽然该片未在西藏拍摄外景，但却深刻再现了西藏和平解放后的西藏大事记。

《飞越天险》由北京电影制片厂摄制，编剧陈戈（电影《南征北战》解放军某师师长的饰演者）、影片中飞行中队长赵忠凯、飞行员张启良、气象员徐瑞、藏族老大爷分别由北京电影制片厂著名电影演员于洋、赵联、秦文、葛存壮等扮演。

2011年以来，我有幸采访了在鄂、沪定居的健在飞行员原型人物李向明、张逸材、黄冈、陈光福等。

（图片来源：《老照片新西藏》）

彩色故事片《飞越天险》编剧陈戈

彩色故事片《飞越天险》电影海报，北京电影制片厂拍摄，主要演员：于洋（右）、赵联等。

黄冈

陈光福（左）

张逸材

李向明（右）

邂逅《波密王》

1959年秋冬，首批由部队、党政机关汉、藏干部组成的扎木民主改革工作组，深入到群众和基层积极开展工作。身为工作组组长的陈东明（女）等一行，在波密工作期间与八一电影制片厂《波密王》摄制组一行相遇，临走合影留念，留下了一段珍贵的电影记录。

据工作组组长陈东明介绍，当时的斗争形势很复杂，下乡工作都是佩戴手枪和武器的，图一中的解放军是负责摄制组安全和后勤的。

《波密王》后因经费、剧本等问题，没有继续拍摄。

（图片来源：陈东明）

剧组与工作组部分同志合影（没有裁剪的原图）

1959年，离开西藏前电影人与工作组部分队员合影。编导三人：冠嵘（前排右一）、康玉（二排右一）、少文（后排左一），工作组组长陈东明（前排中）。

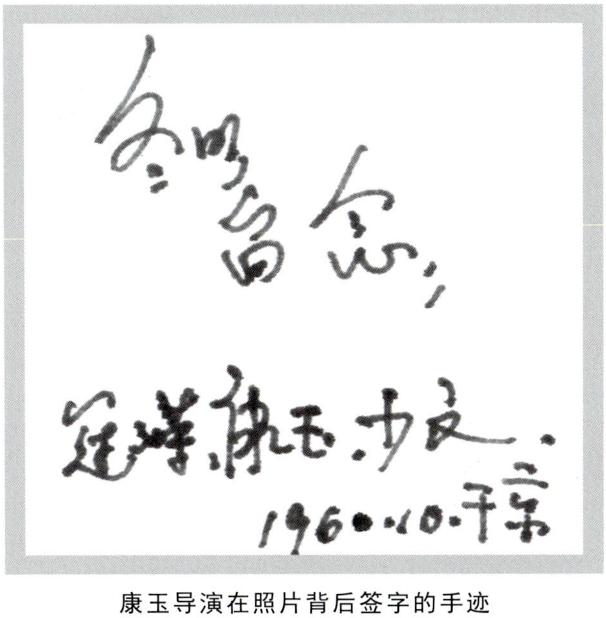

康玉导演在照片背后签字的手迹

照片是带回北京冲洗出来，邮寄给陈东明的（左始：冠嵘、康玉、少文）。

妙笔生辉画《农奴》

2018年2月4日下午，我在八一电影制片厂著名美术师寇洪烈的家中，第一次零距离地学习了电影美术的有关知识。

“电影美术是拍电影很重要的一件工作，我们那个时候画的设计图、气氛图，是在电影开拍前根据剧情，很早就设计出来了，这个图供拍内景、外景用。新中国成立后，他先后参与电影《战斗里成长》《柳堡的故事》《英雄虎胆》《槐树庄》《苦菜花》《红灯记》《归心似箭》《今夜星光灿烂》的美术制作。

以下是1963年，寇洪烈为电影《农奴》描绘的一组人物、场景图。

（图片来源：寇洪烈）

远眺布达拉

寇洪烈近照

头人庄园

强巴

兰尕

格桑

拉萨街巷

贵族妇女

老者人物写生

《农奴》的摄影师韦林玉

韦林玉，男，八一电影制片厂著名摄影师。

他的摄影风格以朴实、粗犷、豪放的艺术风格为特色，代表作有《苦菜花》《东进序曲》《风雨下钟山》《通往拉萨的幸福道路》《康巴藏族人民的新生》等。

韦林玉回忆：1963年我们在拉萨拍摄电影《农奴》电影，一直是在强烈的阶级感情支配下进行的，其次，对西藏自然风光、社会生活风貌的揣摩，把握了古朴、厚重、真实和强烈的原生态西域民族色彩的基调，使得影片《农奴》拍摄完成后大获成功。

（图片来源：韦林玉）

1954年，韦林玉拍摄纪录片《通往拉萨幸福的道路》于山南札囊县。

刚入伍的韦林玉

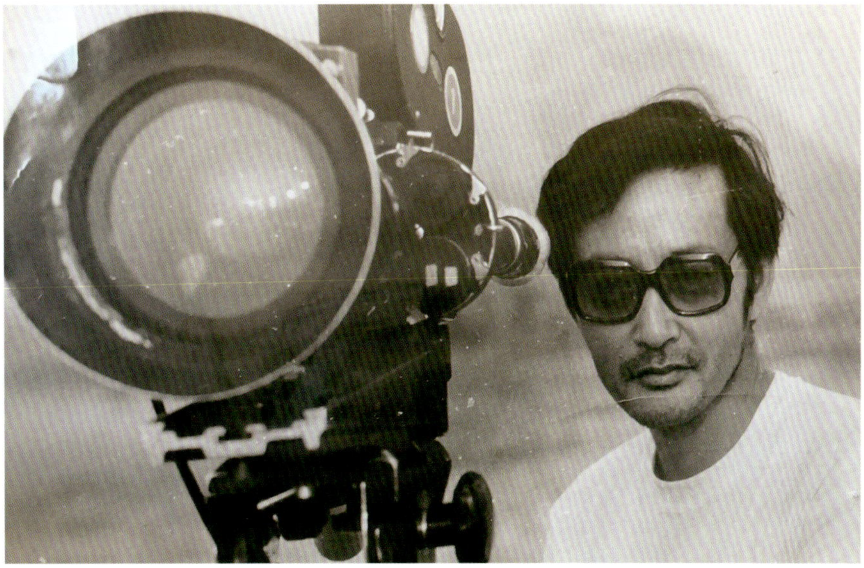

韦林玉拍摄《风雨下钟山》工作照

摄影师韦林玉

翟俊杰和《西藏风云》

1998年，国庆前夕。一部全方位、多角度反映西藏和平解放到自治区成立15年的历史风云的大型纪实电视连续剧《西藏风云》落下了帷幕。

这部反映五六十年代西藏政治风云变幻的电视剧，围绕西藏和平解放、平息叛乱与民主改革，烘托出在中国共产党的正确领导下西藏百万农奴站起来的大型影视作品，构成了一幅壮丽的西藏历史画卷。

这部纪实连续剧以其“宏伟教科书”，“场面悲壮、情节感人”，“人物众多、明星云集”三大特点而蜚声海内外，为国庆50年献礼。

2018年夏天，该电视连续剧翟俊杰导演整理了一段当年的拍摄轶闻，在此公开发表。

（图片来源：翟俊杰）

1998年，在拉萨举行《西藏风云》开机仪式，翟俊杰与时任西藏自治区常务副书记热地，西藏自治区原党委书记阴法唐合影。（左一为翟俊杰夫人张春如，右一为翟俊杰的儿子、演员翟小兴）。

八一电影制片厂国家一级导演翟俊杰

1998年，翟俊杰在拍摄《西藏风云》期间，拜谒谭冠三将军墓。

1998年，翟俊杰在《西藏风云》拉萨大昭寺拍摄现场与扮演旧西藏盲人乞丐的藏族演员老阿妈亲切交谈。

1961年，翟俊杰（左三）和战友们在西藏日喀则地区为作战部队慰问演出。

1962年，翟俊杰（后排左一站立者）和战友们在西藏扎东地区慰问反境外叛乱分子回窜任务的部队时，于行军途中野炊。

1998年，翟俊杰在《西藏风云》拉萨哲蚌寺拍摄现场，右为哲蚌寺小僧人。

八、似水流年

1.江南一别，高原三十五载
2.昔日苦娃到妇联主席
3.首届共青团代表大会召开
4.桥梁工程师魂归雅江

江南一别，高原三十五载

李维伦，江苏南通人，1932年生，1948年经江苏如东中学(注：解放区人民政府办)介绍参加苏中军区九分区工作。南通解放后，调至南通军事管制委员会，参与接管公用事业。1949年，随大军渡江，分配到松江军事管制委员会交通部工作，上海解放后，经组织调到苏南行署驻地无锡，同年经中共无锡市委批准加入中国共产党。

1956年，西藏拟进行民主改革，经无锡市委调派进藏，分配到西藏地方干校财贸系任专职党总支副书记，1975年经西藏区党委调到西藏区党校任党委副书记、常务副校长，1985年任区党委宣传部部长，1993年被选为区人大副主任，1998年离休，从参加革命工作到离休整五十年，其中四十二年从事于西藏的宣传思想、理论教育、培训干部的工作。

（图片来源：李维伦）

进藏途中

2017年，参加上海市老干局的活动。

1949年与松江军管会部分同志合影（前排左一）。

1956年，与一起进藏的无锡同志在藏干校校园合影（右一）。

北京颐和园合影

昔日苦娃子到妇联主席

1935年，益西卓玛出生在巴塘一个世代为奴的贫苦家庭。13岁母亲离世，年幼的她无家可归、流落街头，衣衫褴褛、打着赤脚，靠帮人背砖、割草，打零工度日。

让她做梦也没有想到的是，1950年，她入伍成了18军先遣部队的一名女兵，从此，走上革命道路。在党的培养下，她从一个昔日的苦娃子，走上各级领导岗位，成长为一位优秀的藏族妇女干部。她曾任青年团江孜分工委统战部副部长、江孜地区妇联副主任、日喀则地区妇联副主任、西藏自治区纪检委副书记、常务副书记，西藏自治区妇联主席等。

用益西卓玛自己的话说："没有共产党就没有我们藏族妇女当家作主的今天"。

（图片来源：益西卓玛）

调任拉萨工作(左)

在江孜与阴法唐夫妇合影

刚参加工作的益西卓玛

担任领导职务的益西卓玛(中)

在日喀则江孜工作(左)

首届共青团代表大会召开

1963年，首届西藏自治区共青团代表大会召开，江孜代表团的代表与共青团西藏自治区领导合影。江孜代表团团长益西卓玛（前排右六，时任江孜分工委统战部副部长）、自治区共青团委书记鲍以山（前排右五）、副书记雪康·土登尼玛（前排右七）。

（图片来源：益西卓玛）

代表团合影 1963.5.21

桥梁工程师魂归雅江

林道勋（1937—1996年），福建福州人，南京工学院土木建筑工程系道路桥梁专业毕业。1961年大学毕业自愿报名进藏支援边疆建设。

1986年，任交通厅公路勘察设计院代院长、西藏自治区交通厅总工程师。在藏工作35年，林道勋先后参与修建、设计的西藏大小桥梁20余座，以及部分西藏辖内公路的修改造工程，1996年2月，他带着对西藏这片土地、人民的深深眷恋，因病去世，年仅59岁。

根据林道勋生前的遗愿，1996年7月12日，在拉萨曲水大桥，举行了庄重、肃穆的“骨灰撒江仪式”。自治区政府副主席向阳、杨松，以及林道勋生前的好友和亲属，为这位交通和桥梁奉献终身的老科技工作者送行。

（图片来源：叶静）

1983年以来，林道勋曾被选为全国六届人大代表，自治区科协第二届副主席，自治区高级工程技术职称评委会主任等职。

1962年冬，与好友合影（林道勋右）。

1976年与爱人叶静合影

开工前的钻探

7月12日，在拉萨曲水大桥，惜别的队伍庄严肃穆。

骨灰缓缓的撒入曲水雅鲁藏布江

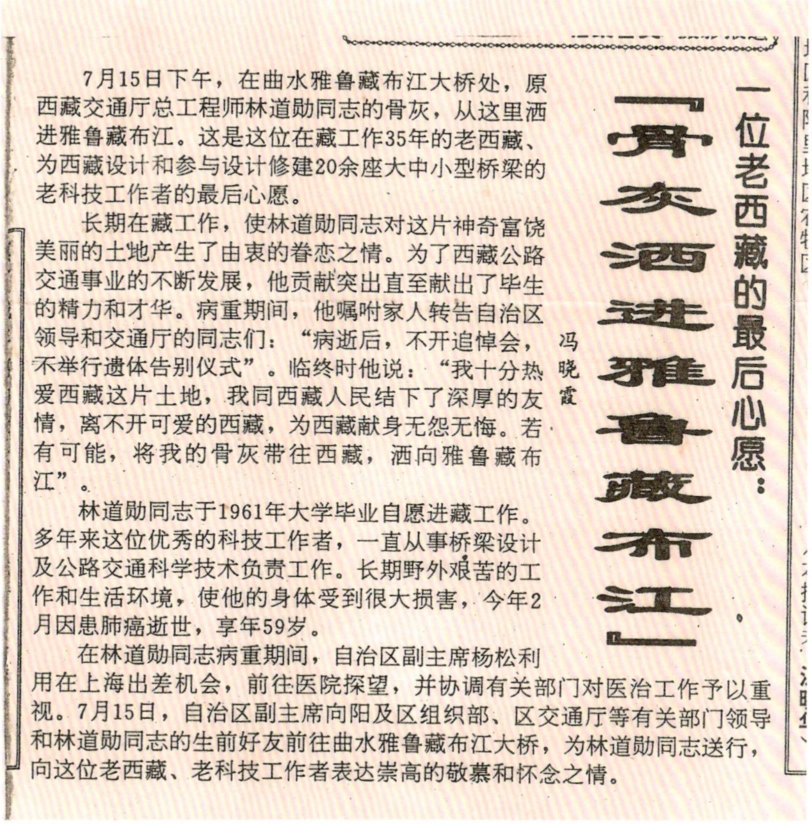

一位老西藏的最后心愿：

「骨灰洒进雅鲁藏布江」

冯晓霞

7月15日下午，在曲水雅鲁藏布江大桥处，原西藏交通厅总工程师林道勋同志的骨灰，从这里洒进雅鲁藏布江。这是这位在藏工作35年的老西藏、为西藏设计和参与设计修建20余座大中小型桥梁的老科技工作者的最后心愿。

长期在藏工作，使林道勋同志对这片神奇富饶美丽的土地产生了由衷的眷恋之情。为了西藏公路交通事业的不断发展，他贡献突出直至献出了毕生的精力和才华。病重期间，他嘱咐家人转告自治区领导和交通厅的同志们：“病逝后，不开追悼会，不举行遗体告别仪式”。临终时他说：“我十分热爱西藏这片土地，我同西藏人民结下了深厚的友情，离不开可爱的西藏，为西藏献身无怨无悔。若有可能，将我的骨灰带往西藏，洒向雅鲁藏布江”。

林道勋同志于1961年大学毕业自愿进藏工作。多年来这位优秀的科技工作者，一直从事桥梁设计及公路交通科学技术负责工作。长期野外艰苦的工作和生活环境，使他的身体受到很大损害，今年2月因患肺癌逝世，享年59岁。

在林道勋同志病重期间，自治区副主席杨松利用在上海出差机会，前往医院探望，并协调有关部门对医治工作予以重视。7月15日，自治区副主席向阳及区组织部、区交通厅等有关部门领导和林道勋同志的生前好友前往曲水雅鲁藏布江大桥，为林道勋同志送行，向这位老西藏、老科技工作者表达崇高的敬慕和怀念之情。

媒体报道

1993年7月，墨脱公路疏通建设接近尾声，为审核工程质量，林道勋（前左二）徒步往返230余公里，进出墨脱县，八天八夜连续工作，实地考察，取得了有关墨脱公路的第一手数据资料。

九、青葱校园

大学生歌咏比赛获殊荣

1984年6月，西藏民族学院派出以团委书记洛桑江村、工会主席赵景任为正、副团长的大学生代表团，参加由陕西省工会、省高教局、省委科教部组织的“陕西省高等院校歌咏比赛”，师生们演唱的参赛歌曲《英雄们战胜了大渡河》，荣获三等奖（右图），为学校争得了荣誉。

（图片来源：陈钦甫）

演出获奖后，全体演职人员手持奖状在校内合影。
洛桑江村（三排左七）、赵景仁（三排右一）、艺术指导陈波（前右一）、指挥曾绍華（后排右二）、领唱张继仁（三排左五）。

影集里的师生情

今年86周岁的陈钦甫老师，是1957年首批参与西藏团校和西藏公学筹建的健在老“民院人”。半个多世纪的学校生涯，他悉心保留了很多珍贵的师生合影照片，特别是记录着学生孩提时光、青葱身影的老照片，仿佛让我们穿越时空，又回到了校园的从前。

看到这些后来从学校毕业并成长起来的一代西藏接班人，我们无不感叹教书育人职业的伟大。

（图片来源：陈钦甫）

1957年10月，西藏团校的陈钦甫老师。

2018年10月，西藏民族大学60年校庆，师生重逢、情深意长（左始：洛桑江村、陈钦甫、丹增）。

1962年，西藏公学二部十四班辅导员阿旺曲珍（前中）与少先队员丹增（后排右一）等合影。

1971年，从昌都察雅县入校的洛桑江村（前右二），又“红”又“专”、品学兼优留校工作。

1963年国庆节，话剧《少先队员的知心朋友雷锋》演出后合影。（陈钦甫后右一）。

1962年春节，陈钦甫（前中）带领藏族学生在西安革命公园合影。

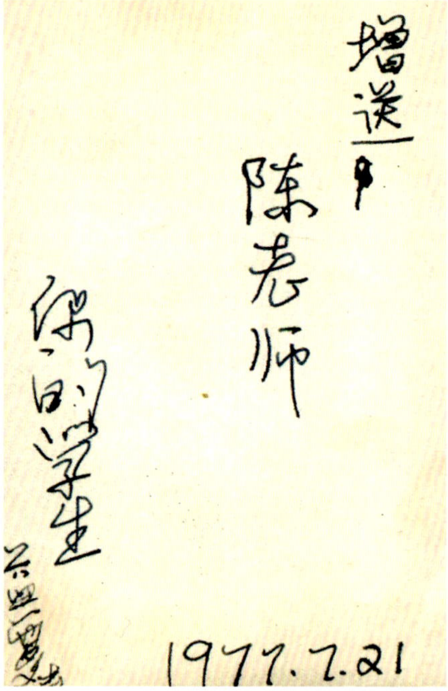

1976年，西藏体委登山队员益西多吉因攀登珠峰时一只手被冻残，送到西藏民族学院进行培训，学校安排汉语老师陈钦甫单独为其补习文化课。半年后返藏，临别，学生签字送照片赠送老师。“你的签字留念，老师保存了整整42年”。

1978年，校领导王静之（前排左六）、汤化淘（右七）等与预科九班师生在教学楼前合影（陈钦甫前左一）。

1989年，财经系首届毕业生在教学楼前合影（陈钦甫二排左七）。

1962年，西藏公学二部十四班师生合影(陈钦甫二排左一）。

1963年，西藏公学一部一班师生合影（陈钦甫前右二）。

“留守儿童”的家

上世纪50年代末，西藏的教育特别是幼教还是一片空白，在藏干部子女的教育问题迫在眉睫。1958年，经西藏工委批准，在成都西藏军区八一子弟学校的基础上又成立了一所工委（成办）小学。成立之初，共四个年级。二十多名老师和后勤员工。校长由军人出生的老西藏史须昌担任。

直到1968年解散，10年的时间，工委小学先后收留了300多名年仅10周岁左右的未成年孩子，为他们提供生活和学习成长的环境，让父母在高原边疆安心工作。至今，回忆起来，现年89岁的史须昌校长深情地说：学校就是孩子们的家。

正如孩子们所说：党是太阳，我是花，花儿在温暖的家庭里长大。

（图片来源：史须昌）

1958年9月1号，学校开学啦。

“党是太阳，我是花。”

六十年代末，西藏军区谭冠三政委（前排右二）到学校看望孩子并听取汇报。

“爸爸妈妈都在西藏工作，工委小学就是我们的家”。

毕业班合影。语文老师刘玉杰（一排左一）、数学老师陈朝瑞（三排右一）。

“大白菜丰收了”，王福明老师（后中）和学生收割大白菜。

六十年代，工委小学部分老师合影（史校长后排中）。

少先队活动日

1957年，赵振维（前排右一）与其同时从北京中央供给部保育院执行援藏任务的同事弓从阁（前排左一）、常荣江（后排右一）、周秀芳（后排左一）在成都合影。

青年时期的赵振维

2018年10月，西藏工委（成办）小学原校长史须昌在建校60年庆典活动中致辞。

工委小学校长史须昌

十、歌声悠扬

1.1954，西南军区慰问团杂技表演
2.常留柱和《我心中的歌献给解放军》
3.进藏部队的“芳华”

1954，西南军区慰问团杂技表演

1954年11月12日，康藏和川藏“两路”盛大通车，为欢庆、纪念以及慰问筑路部队，西南军区组织了大型的文艺演出慰问团，在筑路工地或军营的帐篷前，因陋就简，铺一块地毯、搭起演出的场地，克服高原缺氧和寒冷，沿途为军民演出。

这里辑录的是一段杂技表演片段。

（图片来源：王长安）

杂技表演《顶人》，战士们席地而坐，军车整齐排列。

雪山和帐篷前的口技表演

杂技表演：《跷跷板》。

常留柱和《我心中的歌献给解放军》

常留柱，1960年毕业于上海音乐学院声乐系，同年支援边疆进藏。在西藏歌舞团从事独唱工作20年，后担任歌舞团副团长、自治区文化局厅副厅长。1965年，常留柱在去尼泊尔的归途中，被中尼友谊公路的壮观和解放军的奉献精神所感动，翌年，在一次修筑公路的工地上，藏族民工一首民间谚语："不敬青稞酒，不打酥油茶，采上一束达曼花（杜鹃），献给你们，祖国派来的亲人。"激发了常留柱的创作灵感。他将后藏民歌中的"果谐"和"堆谐"作为歌曲的基调，很快，他就写成了一曲《我心中的歌献给解放军》，这首脍炙人口的歌曲，传唱藏区，深受群众喜爱。

1967年，常留柱随由铁道兵杂技团和西藏自治区歌舞团等组成中国歌舞团，再度访问尼泊尔，深情的演唱了这首歌曲。1978年，随中国西藏歌舞团赴芬兰、瑞典、丹麦、挪威、冰岛五国演出，这首歌作为代表国家的民歌，获得国际好评。

1980年，常留柱调上海音乐学院，任声乐系教授、系主任等职。

（图片来源：常留柱）

1967年，才旦卓玛（右二）、孟玲（西藏军区歌舞团独唱演员、左一）、常留柱（左二）一起演唱《读毛主席的书》。

1973年，拉萨举行的春节拥军晚会，常留柱演唱《我心中的歌献给解放军》，受到西藏军区政委任荣（左）的亲切接见。

1979年，随西藏歌舞团出访北欧五国演出剧照。

在上海音乐学院

1974年，为庆祝中华人民共和国成立25周年，西藏自治区歌舞团在北京参加庆典活动，这是现场的演出剧照。

1972年，在日喀则县广场上,常留柱为当地藏族人民演唱藏族民歌。

进藏部队的“芳华”

1950年初，中国人民解放第二野战军第五兵团第18军，奉命从四川执行进军西藏的艰巨任务。

全军广大的文艺战士，在徒步进军西藏的艰苦岁月，坚持党的宣传工作宗旨，坚持文艺服务部队和百姓的方向，在行军、演出条件极为艰苦简陋的情况下，雪山做幕布，草地当舞台，用革命的乐观主义精神，自编、自演、自导了大量脍炙人口的戏曲、话剧、歌剧、快板、腰鼓、歌曲等形式的文艺节目，宣传党的民族统战政策，团结藏族同胞，服务进藏部队，鼓舞士气，用美好的青春，谱写了一曲曲壮丽的高原文艺战士之歌。

以下辑录的几位文艺老兵的故事，是千千万万个进藏部队文艺战士的缩影。他们一路高歌，挺进高原，青春洒落了一地，浇灌格桑花开遍山野，芳华永存。

（图片来源：罗文华等）

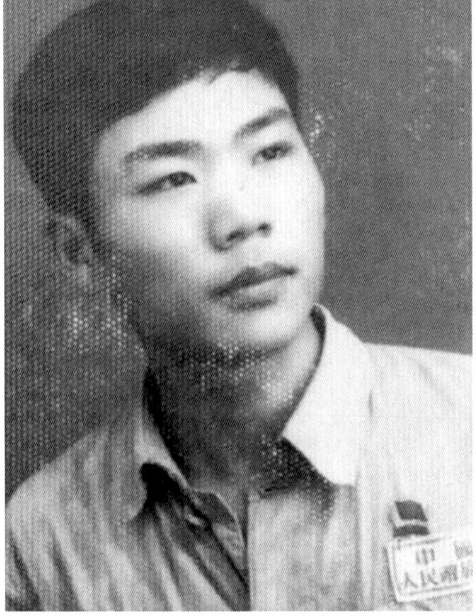

18军53师文工队徐大猷

1954年，在拉萨龙王潭公园拉小提琴。

手风琴演奏风度翩翩

1963年，拉萨市文化局演出话剧《霓虹灯下的哨兵》，徐大猷（举旗右）饰演指导员。

18军52师文工队邓亲和

1953年，江孜文工队排练歌剧，指挥邓亲福（右上）、邓亲和（前）。

1950年，52师文工队三分队进藏前夕留念。邓亲和（二排左一、坐者）。

1952年，邓亲和（左一）和战友跳新疆舞。

18军52师文工队娜喜

打腰鼓也是常见的表演形式

新疆舞也跳得不错

1952年，日喀则扎西岗村演出《红旗飘飘》舞，（右起：钟秀英、权玉静、年华、娜喜等）。

苏联舞蹈也是一时尚，娜喜（中）。

18军后政文工团舞蹈演员罗文华

1952年，《杜十娘》演出剧照。

描写进藏女兵的纪实《天路行军》

1950年，《兄妹开荒》演出剧照。罗文华（左）。

战争中的女兵,既要行军又要演出。

18军53师文工队陈钦甫

1950年，在四川名山为部队演出《红旗腰鼓》。（陈钦甫前右二）

小提琴演奏

1952年，在波密分工委驻地倾多宗，文工队排练节目。（拉琴者右一为陈钦甫、左一为涂清华）。

18军53师文工队涂清华、王蓉瀚夫妇。

王蓉瀚在布达拉宫广场，用藏语演唱《毛主席的光辉》，盛况空前。

才华横溢的作曲、音乐演奏家涂清华。

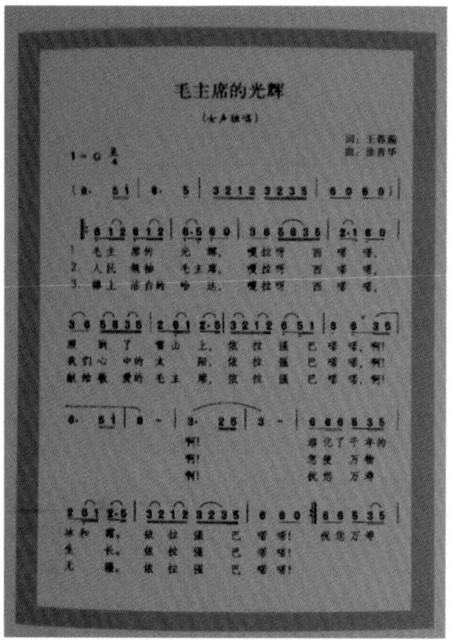

涂清华、王蓉瀚夫妇创作的经典老歌《毛主席的光辉》。

18军53师文工队员闫家琼

这些演员都是汉族同志，却神似藏族演员（闫家琼左一）。

无可挑剔的藏族舞姿

为百姓演出

18军53师文工队周艳炀

周艳炀（左）后来成长为著名作家编剧

周艳炀的唢呐吹的很专业

1952年，波密文工队战友合影，周艳炀（二排右二）。

18军文工团汤国荣。

1952年，在昌都（左）。

曾任文工团腰鼓队队长

学生时代的汤国荣

腰鼓打得娴熟流畅、威震四方。

18军军政干校八分校文工队安佩

1949年，部队南下途中演出歌剧《刘胡兰》，安佩饰演刘胡兰（左）。

1951年，18军军政干校八分校二大队十小分队（文工队）九班战友合影，安佩（后排左三）。

部队南下到南京，在照相馆留念。

18军53师157团宣传队长，宣传干事刘慕作。

1950年于四川康定，有点二胡专业演奏的架势。

1949年夏，与战友赵德聚（左）在进军大西南路过贵州一个煤矿时，向一名从煤矿井下面上来的工人宣传我军的政策。

1947年，河南杞县新四军独立旅与旅文工队刚成立时的合影，刘慕作（前排左三）。

西藏军区文工团独唱演员汪学萱

表演唱《送柴》剧照

独唱《西藏好》剧照

2011年5月，汪学萱与藏胞尼玛（右）合影。

西藏军区政治部文工团编导、指挥、作曲罗念一。

深入生活采风（罗念一右二）

藏装、藏乡是艺术家这一生的情。

那个时候的艺术家，总是那么的亲民。

西藏军区话剧团、歌舞团演员、编导孙光明

话剧《枫树湾》剧照（孙光明饰演苗望春左一）

穿上藏装同样英俊帅气

军民鱼水情深

十一、遥远的桃花沟

1.波密原始森林奇观
2.波密有个倾多寺
3.波密红楼

波密原始森林奇观

波密原始森林的绿树成荫，郁郁葱葱蔚为壮观，参天的古树直耸云霄是有口皆碑的。

1956年，波密分工委的彭遐熙用相机拍摄了高原的森林景色，人在大自然面前，是何等的渺小。

（图片来源：陈东明）

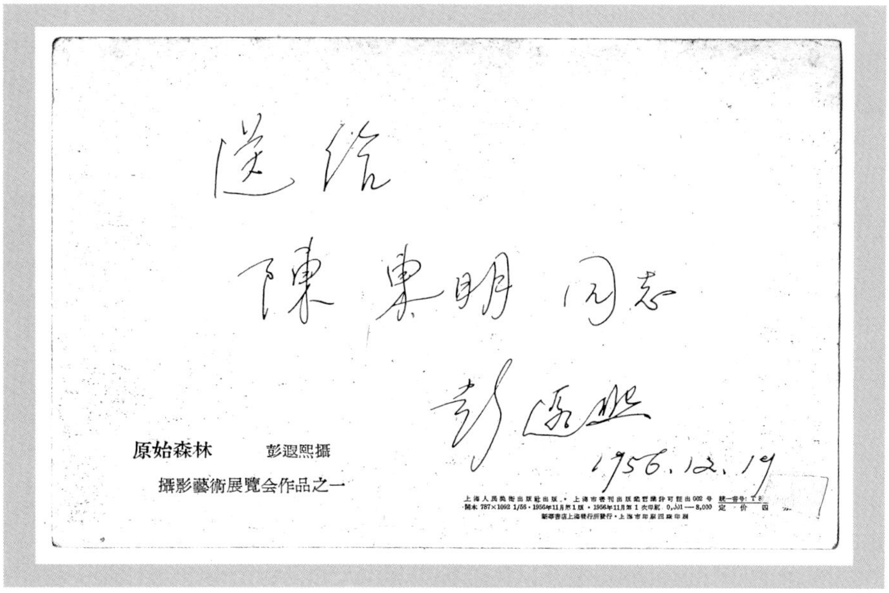
送给
陳東明 同志
彭遐熙
1956.12.19
原始森林 彭遐熙攝
攝影藝術展覽会作品之一
上海人民美術出版社出版 · 上海市書刊出版業營業許可証出002号 統一書号：T8
開本 787×1092 1/56 · 1956年11月第1版 · 1956年11月第1次印刷 0,001—8,000 定价 四
新華書店上海發行所發行 · 上海市印刷四廠印刷

彭遐熙手迹

原图

波密有个倾多寺

倾多寺，始建于公元1454年，创建人热布曲吉扎巴，倾多强巴林寺为格鲁教派，强巴佛是该寺的主供活佛。1928年至1950年，西藏地方政府所设波堆宗与倾多寺同住一处，所以在同一时期所建的4座格鲁教派寺庙之中倾多寺的影响力较大。波密地区和平解放以后，1950年12月至1959年9月，波堆宗改称倾多宗，为中国共产党与各界爱国人士共同组成的县级政府，以倾多宗解放分会名称行使政府职权。

原波密县委书记王长安回忆，倾多宗植被茂密、河流环绕，气候宜人，1951年，进藏部队曾在这里驻扎。

2016年12月，我曾慕名去寺庙参观，从波密县城出发，约半小时的车程，沿途是连绵不断桃花沟，蔚为壮观。可惜，风雨侵蚀、年久风化，旧寺庙已经倒塌，在昔日的马厩和大堂旁又建新址。

2018年9月，在成都西藏干休所王长安的家中，我找到了几张倾多寺当年的老照片。

（图片来源：王长安）

1952年，18军战士王长安在倾多寺留念。

1972年，王长安先后任西藏自治区商业厅、粮食厅副厅长，民政厅党组书记等职。

五十年代初，王长安（右）与波密驻军代表合影。

寺外的民居

王长安，1952年任波密地委组织部副部长、塔工地委组织部长。1959年，任波密县委第一书记、林芝县委第一书记。

1951年，倾多寺侧影。

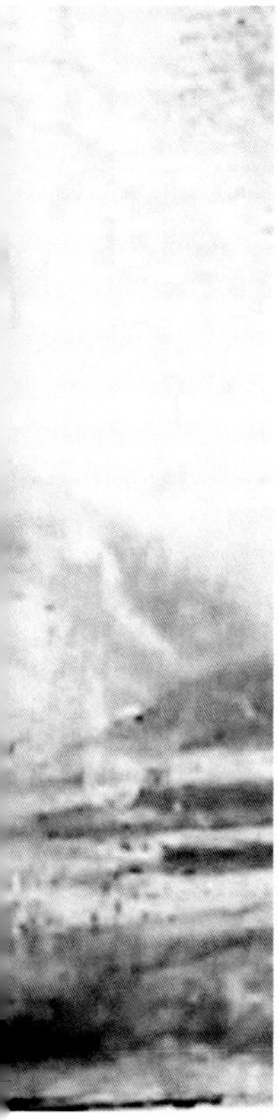

1951年，波密倾多寺远景。

波密红楼

波密“红楼”，全称为“扎木中心县委红楼”，距今约有60余年历史。坐落于现西藏自治区波密县委大院内。

1953年，康藏公路管理局四区进驻扎木（即现今的波密县），为解决办公、住宿之需，四区专门设计建造了三幢仿苏俄建筑风格的木质结构楼房，因其外观呈红色，因而称为“红楼”。

根据上级组织的决定，扎木中心县委和昌都解放委员会波密第二办事处搬进红楼办公、住宿。

据波密县委第一书记王长安回忆：1959年1月4日，著名的扎木保卫战打响，“红楼”便成了这场战役的指挥中枢。

（图片来源：王长安）

王长安，1942年参加革命，1945年任新四军四师12旅35团副教导员，经历了淮海战役、渡江、进军大西南、成都战役，战功显赫。

五十年代末，波密县委首任书记王长安（前中）与当地驻军代表在波密红楼前合影留念。

1985年，健在的老西藏成立了波密、塔工党史资料编撰委员会。

十二、足迹

1. 西藏代表团赴大寨、云南参观学习
2. 找寻你

——《老照片·新西藏》座谈会走进上海

西藏代表团赴大寨、云南参观学习

1972年9月26日至9月29日，经有关部门批准，为了促进高原农业可持续发展，西藏自治区农业代表团赴山西省昔阳县，进行了为期四天的参观学习，所到之处，受到了当地政府和群众的欢迎。时任大寨党支部书记的陈永贵亲切接见了西藏代表团一行。

1978年，任荣、洛桑慈诚为团长、副团长的西藏代表团赴云南参观学习。

（图片来源：王长安、益西卓玛）

全体参观团员合影

由各地市有关部门组成的代表团成员与陈永贵（二排左8）代表团团长王长安（二排左7）合影。

代表团到达大寨，受到列队民兵和群众欢迎。

西藏代表团向大寨赠送锦旗，陈永贵（左），王长安（右）。

1978年，西藏代表团赴云南参观学习（任荣后右四、洛桑慈诚后右三）。

1978年，西藏代表团赴云南参观学习（益西卓玛左一、洛桑慈诚左三）。

找寻你

——《老照片·新西藏》座谈会走进上海

2018年4月6日，细雨纷纷，春意渐浓，继北京、拉萨等城市之后，大型系列纪实《老照片·新西藏》创作座谈会，在上海召开。西藏自治区检察院原副检察长、上海市人大原副主任漆世贵，西藏自治区人大原副主任、区党委宣传部原部长李维伦，《西藏日报》资深媒体人周炳全，拉萨市实验小学原校长叶静，退伍军人、西藏山南下乡知青倪惠康，林芝毛纺厂职工陆福琴，18军进藏老战士涂世英，18军后代戴刚等参加了座谈会。

我从武汉远赴上海，与在沪定居的老西藏、老领导相逢在黄浦江畔，倍感亲切。

（图片来源：陈琳）

漆世贵（左）、李维伦（右）。

叶静(左）、戴刚（右）。

前排左始：叶静、周炳权、漆世贵、李维伦。
后排左始：倪惠康、陈琳、常留柱、涂世英、陆福琴。

左始：周炳全、漆世贵、李维伦。

常留柱（右）、涂世英（左）。

十三、新型西藏工业的雏形

——林芝毛纺厂创建始末

1. 黄浦江的见证
2. 火红岁月
3. 难忘的记忆
4. 涅槃重生
5. 流年溢彩
——24位毛纺厂工人的见证

新型西藏工业的雏形

——林芝毛纺厂创建始末

1965年，为了响应党中央加快西藏地区建设速度，填补西藏纺织业空白的号召，西藏自治区工委、西藏军区与上海市人民政府协商并决策建立西藏林芝毛纺织厂。

1966年初，经过筛选，上海市纺织局在毛麻行业中挑选了具有中型粗纺织实力的上海纬纶毛纺织厂，为了可持续支援西藏，决定实施整体搬迁。梳纺、织造、染整等全套生产流水线搬迁，648名全厂职工开始了机器拆卸、设备更新、配件添加、长途运输进藏等前期准备工作。上海市纺织局组织安装大队先行到林芝将机器安装就位。

1966年7月11日，首批360多名风华正茂、意气奋发的青年职工，怀着报效祖国的热情，乘坐“民权号”游轮至重庆，转乘火车到成都，再搭乘军用卡车经由川藏公路，8月16日，抵达西藏林芝八一镇。

短短一个多月，在职工们的劳动号子声中，锯齿形的一排排厂房拔地而起，至此，西藏的纺织工业在高原诞生。

（图片来源：陆福琴）

1. 黄浦江的见证

1966年7月11日第一批（第二批是8月8日）援建林芝毛纺厂的同志，乘长江邮轮（包船）“民权号”离开上海十六铺码头。

上世纪六十年代，上海纬纶毛纺厂旧貌。

上世纪六十年代末，林芝毛纺厂厂房远景。

不同角度、不同季节的厂房背景

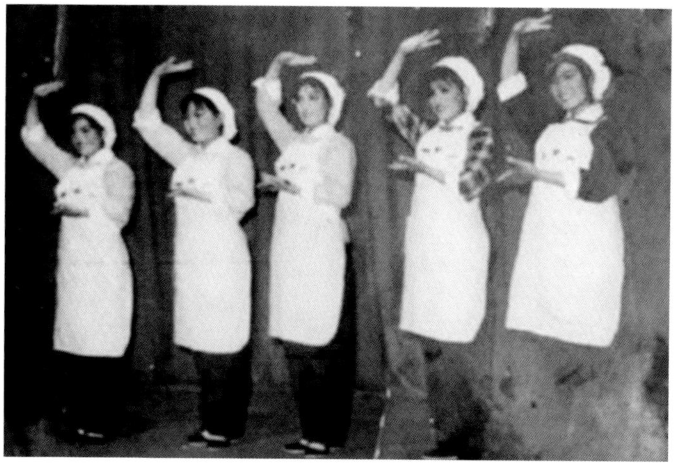

女纺织工人的风采

1972年，时任林芝毛纺厂厂长林兴智在会议室作工作发言（中）。

2. 火红的岁月

王贵宝（左一）讲解奇思妙想，右一是小普布卓玛等同事。

陈依华（左一）在给次仁多吉讲解

提花毛毯需专人服务(崔勤增)

沈松英（左）在传授经验。马长龙（中）　付香莲（右）

1967年起生产的提花毛毯（部份）

朱永宽（右二）石慕娟等在成品间，左一：太也，右一：洛桑。

提花毛毯领队郭海永（前左二）

林兆鸣和小格桑

3.难忘的记忆

林芝毛纺厂职工子弟小学全体教师1979年在校园合影，王宝珠（前排中），张香云、仉玉清（前右一、右二）。

培养藏族技术力量是重中之重，厂里应地制宜开办七·二一大学，图为首届毕业合影。第二排左第五起：厂长林兴智、副厂长徐兆同、技术科长工程师朱百平等。

1982年，林芝毛纺厂和八一镇子弟小学师生合影。前右三：林红等。

1969年，高原纺织工人参加了“国庆20周年西藏观礼代表团”，前排左二、三位分别是林芝毛纺厂织造车间的第一代老班长傅家珍和技术骨干陈玉萍。

1973年，毛纺厂职工范毓虹（二排左二）曾代表西藏军区参加成都西南军区体育竞技比赛，获得100米跨栏第二名、100米短跑第三名、4X400米接力赛第二名。

4. 涅槃重生

1981年，随着全区干部职工内调工作的开始，除了部分技术骨干留守外，毛纺厂大批职工也开始大批返沪。

1990年，毛纺厂的工作平稳的交接给成长起来的藏族干部和职工。如工农兵大学生土登次仁后来挑起了副厂长的重任。九十年代初，随着市场产品结构的变化，和人们对纺织品 “轻，薄，美”的追求，厂里除了藏族喜欢的氆氇呢还在继续生产外，其他产品的开发面临着抉择。

为坚持西藏民族工业的道路，西藏林芝毛纺织厂与西藏天路集团联合制定了共同发展战略，开发了深受区内外群众喜欢和市场畅销的围裙、披巾等羊毛制品。至此，西藏林芝毛纺织厂涅槃重生，再次华丽转身。

如今，西藏林芝毛纺织厂原址，已列为西藏自治区文物保护单位，昔日的厂房已改成展厅，成长和辉煌并存！

2006年10月15日，许树人等三人重访工作了15年的第二故乡——林芝毛纺厂，在厂办公室与时任副厂长的扎边（前右三）及办公室工作人员一起合影。

2006年10月15日，在毛纺厂宿舍区，原4车间的边觉(左三)和家人、同事合影留念。

2006年10月，许树人等拜访了已迁居拉萨的小强巴(后排中)及当年毛纺厂基建队的顿珠等人。

5.流年溢彩

——24位毛纺厂工人的见证

根据当事人的整理和允许，这里辑录了24名林芝毛纺厂职工和技术人员的青春影集。24位纺织工人微笑高原，在美丽的尼洋河畔，励志创业、艰苦奋斗，用青春书写了壮丽的高原奉献篇章。这些栩栩如生的黑白老照片，从不同侧面反映了林芝毛纺厂的发展足迹，稀有珍藏，成为见证。

如今，这些当年的纺织工人，已是古稀之年，遥远的林芝成为他们此生永远思念的故乡。

马雪珍

1948年出生，上海人。
1965年，上海纬纶毛纺织厂参加工作。
1966年，西藏林芝毛纺织厂织造车间。
1980年，上海金兔羊毛衫厂成品验发工作。
1997年，退休。

1968年，马雪珍（右）与居世英师傅。

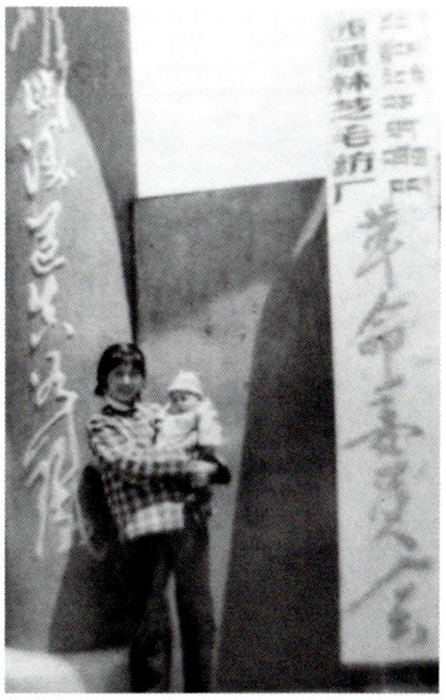

1971年，在林芝毛纺织厂大门口留影。

1992年，在布达拉宫前。

1980年，马雪珍的丈夫成松华（右一）在电工班修理电机。

1972年，马雪珍一家休假路过泸定桥合影。

1968年，在厂宿舍区全家合影。

边虎图

1947年出生，上海人。
1965年，上海第一毛纺织厂参加工作。
1966年，西藏林芝毛纺织厂化验员。
1981年，上海第一毛纺织厂化验员。
1997年，退休。

1972年，边虎图在林芝毛纺织厂化验室工作。

1976年，与丈夫浦二小合影。

丰富的业余生活，自左至右朱永芳、边虎图、石慕芳。

1969年，左一边虎图。

1976年，在西藏农牧学院门前留影。

许树人

1944年出生，上海人。
1963年，上海纬纶毛纺织厂。
1966年，西藏林芝毛纺织厂织机保全工。
1980年，上海协新毛纺织厂计划科科长。
1997年，退休。

1972年，许树人（左一）参加西藏军区文艺汇演。

1977年，许树人（第二排右一）任毛纺厂七·二一大学教员。

1967年，在厂宿舍区与夫人徐伟莉合影。

1975年，许树人（右）与爱徒郎杰次仁合影。

1980年，内调时途经拉萨与儿子合影留念。

朱月凤

1946年出生，上海人。
1965年，上海纬纶毛纺织厂织造车间。
1966年，西藏林芝毛纺织厂织造车间纡子间班长。
1980年，上海寅丰毛纺织厂织造车间纡子间班长。
1996年，退休。

1967年，西藏林芝毛纺织厂的纺织女工朱月凤。

1966年7月11日，朱月凤随第一批进藏人员乘“民权”轮离沪，亲人送别的场景。

1968年，参加副业队种菜—我们亦工亦农的生活。

1969年，朱月凤与藏族学徒小普布（左）小卓玛（右）合影。

庄明光

1950年出生，上海人。
1965年，上海汇通毛纺织厂。
1966年，西藏林芝毛纺织厂。
1980年，上海第十五毛纺厂。
1983年，上海徐汇区文体中心。
2008年，退休。

1969年，庄明光（右）与同事在林芝八一地区，以原生态为背景的合影。

1969年，庄明光（右）与王志庆在尼洋河边。

1971年，庄明光（右）在拉萨贡嘎机场。

1969年，林芝八一镇雪山下。

1968年，庄明光与爱人徐丽美在宿舍旁垦荒种菜。

刘仕前

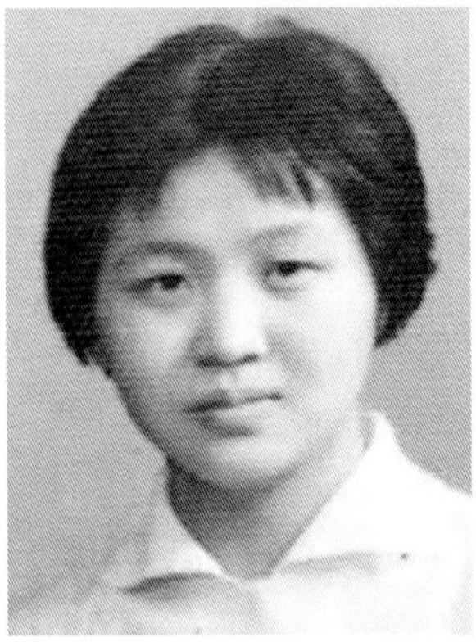

1947年出生，上海人。
1964年，上海第六毛纺织厂。
1966年，上海纬纶毛纺织厂。
1966年，西藏林芝毛纺织厂梳纺车间。
1980年，上海第一毛条厂。
1997年，退休。

1968年，丈夫黄宝贤在机修车间。

1967年，刘仕前（左）与 苗勇娟在厂区。

1966年，刘仕前（右）和吴存玲在成都。

1968年，刘仕前（左）与好友薛金娣在厂区旁。

1967年，刘仕前（右）与郭秀兰在梳纺车间前。

1968年，与能歌善舞的藏族学徒小央宗在尼洋河边。

陈绮珠

1945年出生，上海人。
1965年，上海纺织工业学校毕业，进上海纬纶毛纺织厂。
1966年，西藏林芝毛纺织厂梳纺车间技术员、厂团委书记。
1979年，上海服装进出口公司业务员、经济师。
2000年，退休。

1966年，技术员陈绮珠正在根据工艺要求调整设备参数。

1966年，陈绮珠（右起第二）参演节目—洗衣舞。

1967年，陈绮珠（中）与同事的合影。

1972年，布达拉宫前夫妻合影。

1970年，幸福的一家在厂区旁散步。

陈依华

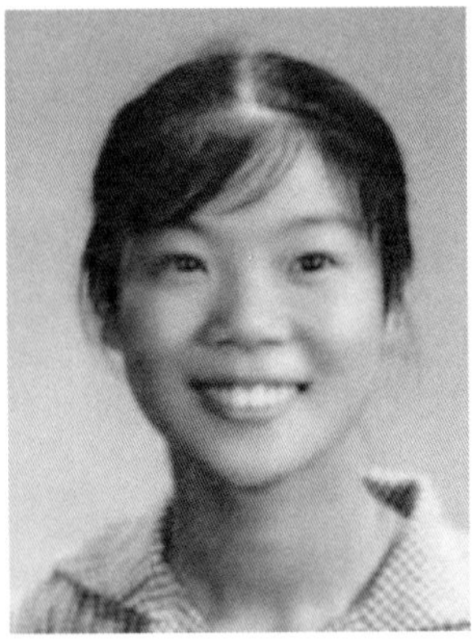

1954年出生，上海人。
1972年，西藏林芝毛纺织厂化验员。
1982年，上海第十二毛纺织厂。
1989年，上海新锦江大酒店。
2005年，退休。

1972年，陈依华（右二）参加西藏军区文艺会演。参演节目“高原纺织姑娘”。

1972年，在布达拉宫前练舞—雄鹰展翅。

1976年，陈依华（中）与伙伴们在尼洋河边留影。

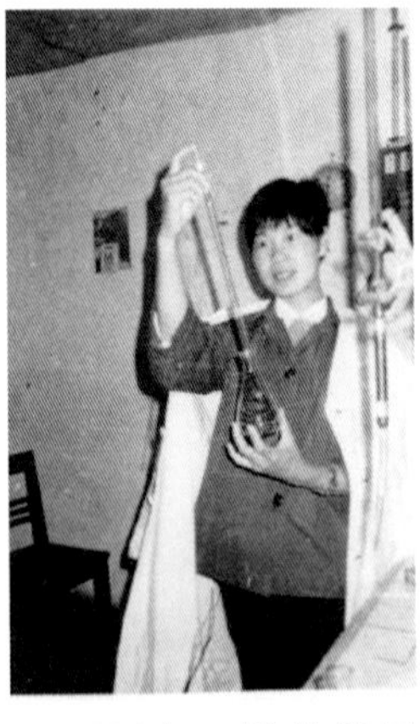

1980年，陈依华正在化验室检测羊毛油脂。

1980年，陈依华（左）带教徒弟次仁多吉。

何锡辉

1944年出生，上海人。
1965年，上海裕民毛纺织厂。
1966年，上海纬纶毛纺织厂。
1966年，西藏林芝毛纺织厂机修车间班长。
1982年，上海毛麻纺织科学技术研究所，副组长、科长、副所长。
2004年，退休。

1980年，何锡辉在机修车间调试新机床。

1981年，何锡辉正在制造纺机配件—齿轮。

1976年，何锡辉（左三）与同事在林芝合影。

1979年，途径拉萨在布达拉宫前留影。

李诚信

1946年出生，上海人。
1965年，上海纬纶毛纺织厂。
1966年，西藏林芝毛纺织厂电工。
1981年，定居香港。

1968年，李诚信（前排左9）参加学习班结业留影。

1968年，李诚信（后右一）和电工班的同事们。

业余时间学骑马

1969年，与高建忠（右）在尼洋河边合影。

李静

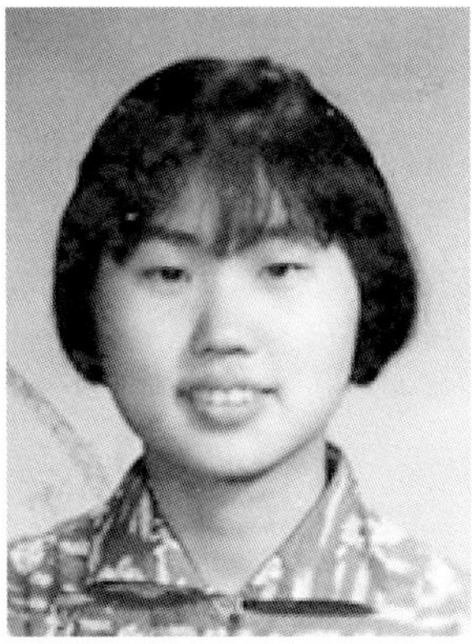

1946年出生，上海人。
1965年，上海第一毛纺织厂。
1966年，西藏林芝毛纺织厂染整车间统计员。
1980年，上海第七毛纺织厂染整车间办公室。
1995年，退休。

1967年，在尼洋河畔，李静（左一）与劳资科长沈金媛一起抗洪筑坝。

1971年，拉萨布达拉宫前留影。

1972年，林芝八一镇文化宫前。

1972年，在林芝尼洋河畔。

1971年，李静（左一）与陈依华在布达拉宫前。

李文君

1948年出生，上海人。
1965年，上海汇通毛纺织厂。
1966年，西藏林芝毛纺织厂织造车间挡车工。
1980年，上海第一毛纺织厂经营科。
1997年，退休。

1971年，在林芝八一镇文化宫前留影。

1972年，下班回宿舍抱起宝宝，一天辛苦全消。

1970年，去八一镇贸易公司购物，在路过的桥上留影。

1970年，在林芝毛纺厂大门口。

1971年，提花毛毯织机操作能手李文君。

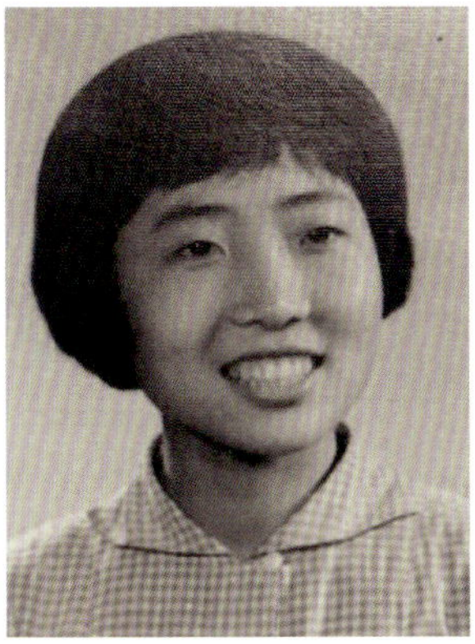

陆福琴

1948年出生，上海人。
1965年，上海第一毛纺织厂。
1966年，西藏林芝毛纺织厂。
1981年，上海第十二毛纺织厂劳资科。
1994年，退休。

1972年，陆福琴与自己设计制作的宣传栏合影。

1966年，上海第一毛纺织厂的西藏原毛车间代训工进藏前夕合影，前排左二为陆福琴。

1966年，陆福琴参加“五·四”青年节主题活动“青春无悔，豪情满怀”，离沪进藏前夕青工留影。

1967年，陆福琴（左二）与伙伴们在尼洋河畔游览。

1969年，在风景如画的林芝山上留下青春的足迹。

张国成

1946年出生，上海人。
1965年，上海纬纶毛纺织厂。
1966年，西藏林芝毛纺织厂梳纺车间维修工。
1972年，西藏林芝毛纺织厂毛线车间设备维修工。
1979年，上海蜜丰工贸有限公司设备维修工。
2006年，退休。

1973年，在毛线车间。

1969年，在林芝毛纺厂宿舍阅读。

1970年，张国成与夫人葛星娟在厂宿舍与同事聚餐。

1973年，张国成（中）与两位藏族学员在毛线车间门口合影。

范毓虹

1950年出生，上海人。
1968年，云南生产建设兵团一师六团。
1972年，西藏林芝毛纺织厂。
1981年，上海第十四毛纺织厂财务科长。
1993年，上海家电公司经理、审计师。
2005年，退休。

1973年，摄于林芝山上。

1974年，在尼洋河畔。

1972年，在林芝毛纺厂先进表彰大会上发言。

1976年，范毓虹（后排中）与闺蜜合影。

1972年，酷爱运动的范毓虹（二排左二）被选入西藏军区田径代表队，图为全队合影。当年她参加了全军第三届运动会成都军区预选赛，获100米跨栏第二名、100米短跑第三名、4×400米第二名。

林兆芬

1947年出生，上海人。
1965年，上海纬纶毛纺织厂。
1966年，西藏林芝毛纺织厂梳纺车间挡车工。
1980年，上海第七毛纺织厂。
1995年，退休。

1968年，在厂宿舍区前留影。

1969年，林兆芬（左一）尼洋河边。

1967年，文艺表演中的林兆芬（前右一）。

一起生活工作的丈夫虞云松

1968年，林兆芬（中）和好友。

1972年，林兆芬（右）与同事摄于林芝农场。

林兆鸣

1951年出生，上海人。
1969年，江西插队落户。
1972年，西藏林芝毛纺织厂织造车间。
1988年，上海金山石化总厂。
2011年，退休。

1978年，林兆鸣（左）与林海合影。

1975年，休假途中留影。

1973年，林兆鸣（左）与徒弟小格桑在织机旁。

1984年，林兆鸣在检查提花织机。

1987年，林兆鸣（右）与厂长凌成在礼堂前。

1982年，林兆鸣（右）与同事何均凯。

赵文标

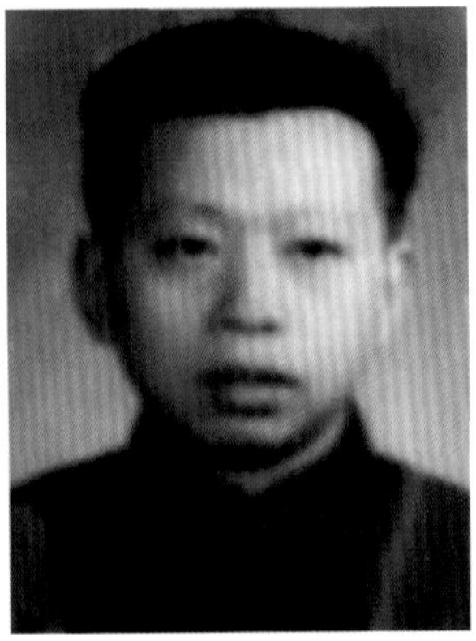

1936年出生，上海人。
1950年，上海袜厂。
1962年，上海纬纶毛纺织厂。
1966年，西藏林芝毛纺织厂技术科。
1981年，上海第五毛纺织厂梳纺车间工程师。
1997年，退休。

1968年，在技术科进行产品设计工作。

1968年，在毛纺厂厂区大道。

1966年，进藏途中的合影。左起：赵文标、费生宝、刘伯阴、王贵宝。

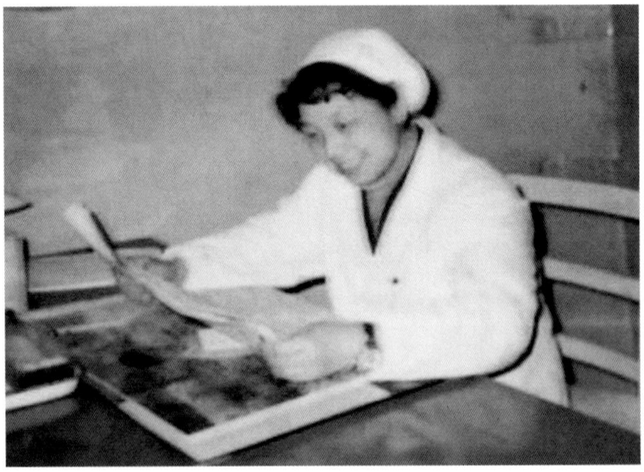

赵文标妻子柴杏仙是厂医务室医生。

郭海泳

1937年出生，上海人。
1956年，上海月盛丝织厂专职提花纹板制作。
1966年，西藏林芝毛纺织厂织造车间。
1978年，上海毛毯厂。
1997年，退休。

1971年，郭海泳(前排左二)是提花毛毯小组负责人，承担提花龙头花板设计、制作、维修。小组成员：朱国芬（前排左一）、崔勤增（前排右二）、刘小俭（后排左一）和藏族学员。

1972年，郭海泳精心传授技术，徒弟崔勤增已能独当一面。

1968年，郭海泳与夫人吴韵秋合影。

徐菊凤

1947年出生，上海人。
1965年，上海第一毛纺织厂。
1966年，西藏林芝毛纺织厂原毛车间。
1980年，上海第三毛纺织厂
1997年，退休。

1967年，徐菊凤（右一）与上海援藏技术人员合影。

1972年，徐菊凤（前排左）在厂门口与藏族学徒郎嘎（前排右）合影。

1968年，与丈夫李青岩。

1968年，参加文艺宣传队演出，第一排左二为徐菊凤。

黄玲妹

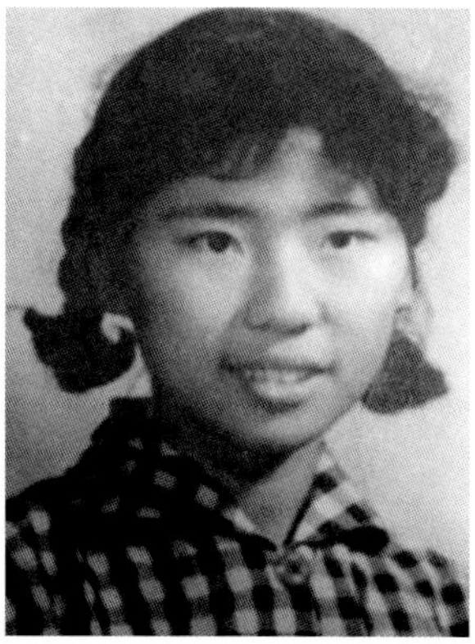

1948年出生，上海人。
1965年，上海第一毛纺织厂。
1966年，西藏林芝毛纺织厂梳纺车间。
1981年，上海第五羊毛衫厂。
1992年，退休。

1969年，以厂区作为背景留影。

1970年春，伙伴们结伴观赏盛开的桃花，前排为黄玲妹。

1971年摄于林芝八一镇公路边。

1970年，尼洋河畔留影。

傅家珍

1932年出生，上海人。
1947年，上海纬纶毛纺织厂织造车间。
1966年，西藏林芝毛纺织厂织造车间班长。
1976年，上海第五毛纺织厂。
1978年，退休。

1967年，傅家珍（前排右二）在林芝厂宿舍旁合影。

1968年，傅家珍（前排右一）与老同事在尼洋河畔合影。

1968年，傅家珍（右一）在林芝厂对面的小牧场。

1967年，织造车间二位老班长傅家珍（前排左）、傅玲妹（前排右）。

1969年，林芝毛纺织厂两位工人代表参加了国庆20周年西藏观礼代表团赴京观礼。前排左二、左三分别是我厂织造车间的第一代老班长傅家珍和技术骨干陈玉萍。

戴志超

1935年出生，上海人。
1951年，上海兆丰棉纺厂。
1958年，上海国信棉纺厂。
1962年，上海纬纶毛纺织厂。
1966年，西藏林芝毛纺织厂总务科。
1981年，上海毛麻纺织工业公司行政科。
1995年，退休。

1967年，在林芝毛纺织厂车间门口。

1968年，自左至右赵树开、戴志超、财务科长余德胜、总务科长徐乾康合影。

1967年，戴志超（左）与赵树开合影。

1981年，戴志超（左）与藏族同事顿珠在上海相会。

1967年，戴志超（中）在宿舍区与同事合影。

1968年，在林芝尼洋河边。

糜振琪

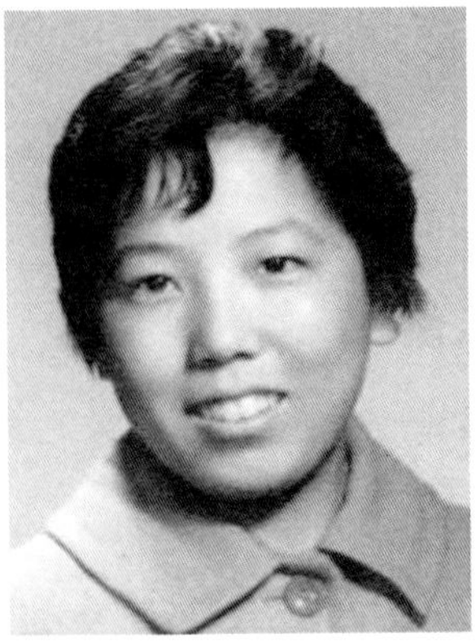

1945年出生，上海人。
1965年，上海第一毛纺织厂。
1966年，西藏林芝毛纺织厂化验室。
1978年，上海第二十一毛纺厂化验室。
1995年，退休。

1975年，创作油画《藏汉职工学习毛主席著作》，作品完成之后送拉萨展出。

1966年，同宿舍楼的伙伴们在阳台上，左起：李青莲、石慕芳、边虎囡、陆福琴、糜振琪、徐丽美。

1968年，在林芝毛纺织厂化验室 检测染化料。

1967年，糜振琪（左一）与伙伴踏雪赏景。

奉献青春的“高原林芝”上海人

（按姓氏笔画排列）

马雪珍　边虎囡　许树人　朱月凤
庄明光　刘仕前　陈绮珠　陈依华
何锡辉　李诚信　李　静　李文君
陆福琴　张国成　范毓虹　林兆芬
林兆鸣　赵文标　郭海泳　徐菊凤
黄玲妹　傅家珍　戴志超　糜振琪

十四、影集荟萃

——28位老战士、老西藏风华高原

王质彬

1933年5月出生，四川省荣县人。
1950年9月30日，军政大学八分校二大队九中队入伍。
1951年，参加甘孜修建机场。
1951年，四川省大邑县安仁镇第十五速成文化学校政治处（后改为速成中学，通信兵第一预备学校）。
1952年，西藏军区教导团团部文书，获三等功一次。
1958年，52师154团下放干部参加康区平叛
1959年，成都军区政治部秘书处，秘书
1960年，解放军政治学院政治部秘书处，秘书，宣传部干事。
1969年，总参河南五七干校，七连连长
1970年，二机部汉中405厂，军代表
1974年，北京军区炮兵教导大队，副政委
1990年，退休。

1952年10月1日，换装后纪念，四川省大邑县安仁镇，八分校组织科。

1952年，西藏军区教导团管理股部分战友合影，女文化教员(前左二、三)、王质彬（后右一）。

1952年12月，立三等功纪念。

1953年，身着纪念服装合影，王质彬（右）。

王树仁

1929年2月出生，山东省平度市人。
1949年，14军42师126团1营1连，入伍。
1950年，云南进藏，参加昌都战役，首批进驻察隅老战士。
1956年，西藏军区153团，炮连排长。
1957年，石家庄步兵学校学习。
1959年，西藏军区153团炮连副连长。
1960年，西藏军区生产部，管教3队队长，军区153团管理员。
1962年，昌都军分区120迫击炮连，参加中印边境自卫反击战，察隅方向的作战。
1968年，西藏军区53师157团管理员。
1972年，西藏军区53师招待所所长。
1976年，西藏军区53师炮团管理股长、副科长、科长。
1983年，成都市成华区军干所，正团职离休。

王树仁在察隅边防

王树仁

王树仁和战友在军区干校

王树仁在亚东关

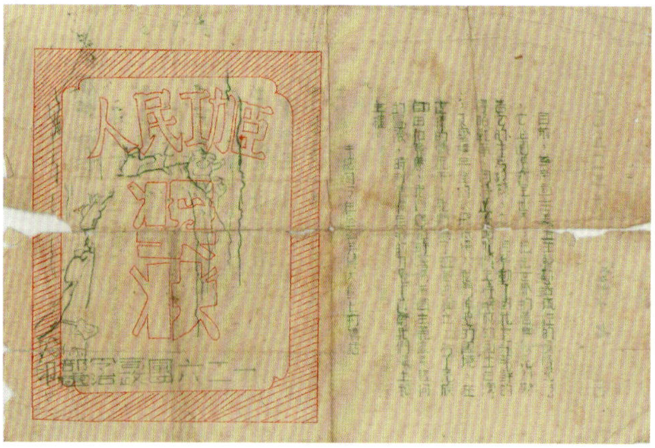

王树仁奖状

王志林

1926年5月出生，甘肃省环县人。

1941年，陕甘宁边区陇东分局曲子县警卫队入伍。

1950年，调甘肃省军区警备二团政治处任宣传股长等。

1951年，甘南剿匪、平叛。

1953年，调甘肃省军区政治处。

1958年，中国人民解放军陆军第十一师33团任宣传股长。

1959年，随全师进藏执行平叛任务。

1961年，调33团一营任教导员、32团政治部任副政委等，11师政治部组织科长。

1962年，参加中印边境自卫反击战。

1965年，任33团政委。

1967年，任青海省格尔木西格办军管会副主任。

1973年，调四川省军区内江军分区政治部任副主任。

1979年，离休。

1964年，西藏布达拉宫前留影。

1958年，在天安门前留影。

1964年和西藏日报记者刘丽嘉（右一）、警卫员（左一）留影。

1951年在甘南留影

1963年，中印自卫反击战授奖纪念（前排右二为王志林）。

史须昌

1929年出生，安徽宿州人。
1944年，参军，新四军四师三分区独立二团卫生员。
1946年，新四军四师三十五团卫生队卫生班长。
1948年，豫皖苏军区医务专科学校学员。
1950年，十八军五十三师卫生处护士长、干事。
1955年，十八军五十三师一五七团卫生队长。
1956年，西藏军区后勤部四级助理员。
1958年，西藏成办小学校长。
1973年，西藏成办政治处主任。
1976年，西藏西安办事处兰州分处书记、主任。
1981年，西藏西安办事处副书记。
1984年，西藏西安办事处书记、副主任。
1989年，离休。

1955年，在扎木副业生产大丰收。

1951年4月，于甘孜业里村，史须昌（中右）。

1955年授衔大尉的史须昌

1983年，史须昌参加西藏自治区第三次党代表大会。

1955年修建甘孜机场

龙镇元

1931年2月出生，四川省乐山市人。
1950年，中原野战军第二纵队入伍，机要。
1951年，在十八军后方司令部从事机要工作。
1955年，昌拉大站成立，由昌都后方司令部调扎木办事处，办事处党支部书记等职。
1957年，调西藏军区后方部队干部科。
1959年，参加“平叛”，后调西藏军区干部科工作。
1962年，参加中印边境自卫反击战。
1970年，借调四川隆昌燃化部第八化工建设公司军管会工作。
1974年，调四川富顺县武装部任政工科科长。
1981年，转业到富顺县公安局、县政法委工作。
1991年，退休。

龙镇元1950年冬

与爱人刘继荣合影

1957年，在拉萨留念。

1962年，中印边境自卫反击战的战友。

1955年，“昌拉大站”的战友合影，龙镇元（后右一）。

又是冬装棉大衣

刘慕作

1931年1月27日生，安徽省濉溪县人。
1945年，参加新四军，十一旅随营学校政治队学员。
1946年，豫皖苏军区独立旅文工队队员。
1947年，独立旅一连文化教员。
1948年，三十团文工组组长，参加淮海战役。
1950年，进军西藏，川西剿匪时任53师157团宣传队长等。
1951年，参加昌都战役(竹笆笼战斗)。
1952年，昌都以东修建公路。
1956年，53师157团审干办，肃反办主任。
1960年，转业。
1963年，地质部重庆地质学校人事科。
1991年，离休。

1960年2月在成都

1963年在重庆

1950年在康定

刘慕作军人荣誉徽章和55年授衔肩章

2016年重庆新四军研究会沙坪坝分会代表会议

刘继荣

1933年11月23日出生，河南巩县人。
1948年，参加革命。
1949年，十八军随营学校入伍，任班长。
1951年，甘孜汽车十六团干部处任干事。
1955年，在西藏扎木县委任机要员、档案员。
1957年，转业至成都纺织厂（三瓦窑）任厂部办公室秘书。
1960年，二次进藏，在西藏筹委会民政处工作。
1970年，内调四川省隆昌燃料化工部第八化工建设公司档案室工作。
1974年，调四川省富顺县水务局工作。
1989年，离休。

1952年甘孜，在自制“布景”前与战友合影（刘继荣右一）。

荒芜的背景抵不过爱美的女兵

1951年，乐山是进藏的起点（刘继荣后左二）。

在稀有的打字机前合影

单独照

再来一张！

汽车出事故，众人一心排除险情。

五十年代的波密桃花林中合影

刘倩龙

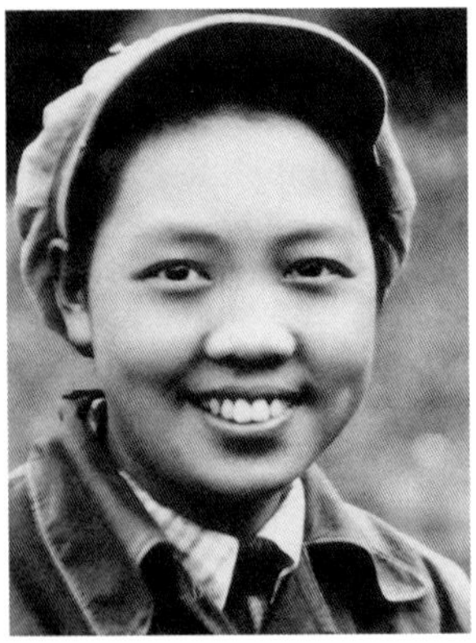

1930年1月出生，四川省成都市人。

1950年，参加中国人民解放军，随18军部队进军西藏。曾任18军53师158团卫生队医务员、医生，西藏波密县人民医院，西藏自治区人民医院医生。

1984年，在西藏去世享年54岁。

一双可爱的儿女和母亲合影

1958年8月夫妇于北京

1955年10月于北京

1953年6月于西藏江孜

陆长宏

1927年3月11日出生，江苏省淮阴县人。

1943年，新四军四师入伍，从事医疗卫生工作。曾任师直门诊所医务员、35团卫生队副队长、34团卫生队队长。

1950年，随18军进军西藏，历任53师158团卫生队长，西藏亚东、江孜县卫生所所长、西藏自治区人民医院院长、西藏自治区卫生厅办公室主任、副厅长等。

1984年，调北京任中华中医药学会副秘书长。

2017年，逝世享年90岁。

1951年2月于四川雅安

1951年11月于西藏波密倾多镇

1951年2月于四川新津（党代会）

2016年于北京家中

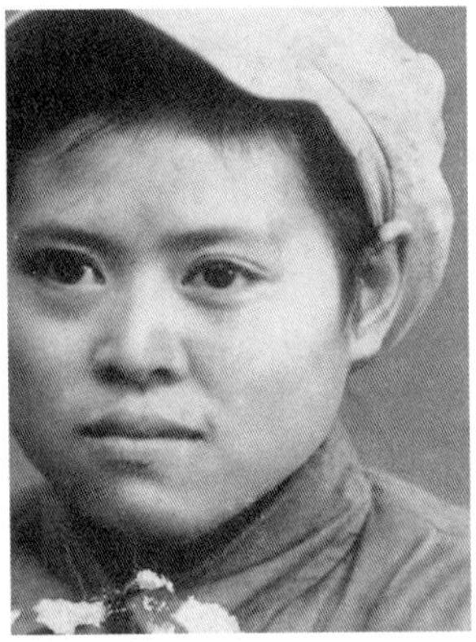

张雪玲

1928年3月出生，四川省威远县人。
1947年，成都进益高级助产学校学习。
1950年，18军抗大八分校16队学习半年，分配十八军卫生学校任助教，后调十八军甘孜后方医院任班长、副护士长，首批进藏女兵。
1952年，调西南军区西南医院、护士。
1954年，转业。
1955年，上海医药工业公司疗养院护士、医生、团支部书记。
1958年，保送上海市第一医学院医疗系学习。
1964年，调上海市新亚制药厂、保健医生、支部委员，科室支部书记。
1983年，退休。

母子情深

一家人短暂的团聚

陈钦鑑

1930年4月生，安徽省宿县人。
1948年，在豫皖苏三分区参军，随分区部队参加济南战役，到宿县北打援，后随部队入住河南鹿邑县。
1949年，编入18军54师，曾任师政治部征粮队征粮员，队长是李嘉啟。
1950年，奉命进军西藏。
1951年，甘孜修建机场。
1952年，经雀儿山入西藏进驻昌都，到邦达、林芝，修川藏公路。
1953年，后到拉萨西郊兵站工作。
1954年，调青海省格尔木总后青藏办事处军需处工作。
1962年，调山西省大同市总后大同办事处六总队任连长。
1964年，转业四川省梓潼县蚕种场任支部书记。
1970年，梓潼县公交局、县纪委工作。
1990年，退休。

在筑路工地的帐篷内

登高望远何惧艰险

一同参军的胞兄陈钦锋（右）

陈东明

1931年1月出生，四川省内江市人。
1948年，四川省成都市浦澄中学，高中毕业。
1950年，参加中国人民解放军18军53师文工队，同年进藏。
1951年，波密分工委文工队队员。
1954年，波密财委秘书。
1958年，林芝分工委宣传部干事。
1959年，波密县民教科副科长。
1962年，专署邮电局秘书。
1964年，林芝县民教科副科长。
1971年，拉萨市文教局副科长。
1978年，西藏自治区党委统战部一处干事、副处长。
1988年，退休。

在成都读中学的陈东明

1952年，在波密分工委生产劳动，陈东明(中)。

参加民主改革时妇女干部陈东明（前左）

波密的“野桃子”真好吃

李正大

1930年出生，四川省达州人。

1960年，由中央煤炭工业部调西藏那曲专署区政府工作，在藏工作12年。

1972年，因高原性心脏病调回北京原单位，任煤炭工业部教育司副司长。

1990年，退休。

1963年，夫妇二人在那曲。

艳丽的夕阳红

1959年，和爱人盛瑞玲的结婚留影。

比翼双飞

余大新

1941年1月出生，上海市人。
1959年，入伍。
1962年，调西藏军区总医院任护士、统计员等。
1969年，复员回上海，先后在上海无线电七厂任工会副主席、市总工会女工部副调研员等。曾获1979年上海市劳动模范和全国三八红旗手称号。
1996年，退休。

余大新夫妇在布达拉宫前留念

简朴温馨的军人结婚照

夕阳红

和爱人涂世英一起，看望军区老首长杨以山。

赵振维

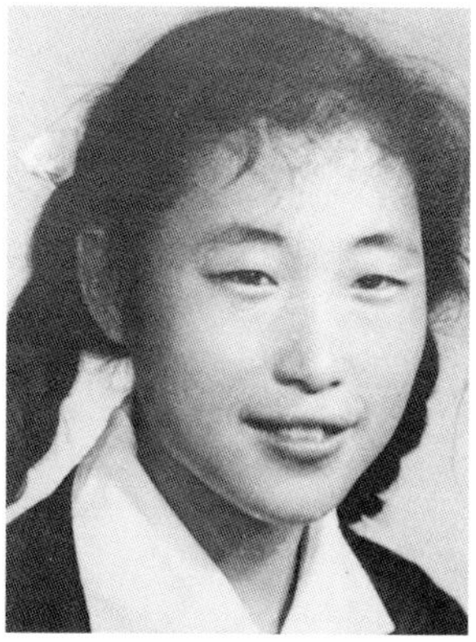

1934年12月出生，河北省石家庄人。
1953年，在北京中央供给部保育院参加工作。
1955年，调西藏驻重庆办事处筹备成立西藏办事处保育院。
1957年，随西藏驻重庆办事处迁成都办事处保育院。
1958年，在西藏工委（成办）小学，任学校生活教师。
1963年，调西藏江孜工委中学附小任教员。
1964年，日喀则小学教员。
1972年，调日喀则东嘎煤矿。
1995年，调入《西藏日报》社工作。

1995年12月，赵振维（左）与西藏成办子弟校藏族学生白玛在拉萨欢聚。

赵振维（二排右一）与同事合影，董维珍（二排左一）、梁建勋（一排左一）、宋长寿（一排右一）。

“老师伴我童年成长”，赵振维（右一）、白玛（左一）。

赵振维1962年于成都。

1959年12月，赵振维（二排中）评为“先进个人”与获奖同事合影。

张世芳

1931年2月出生，河南省杞县人。
1945年，豫东中学第三队学员。
1948年，冀鲁豫军区一分区卫生处工作，参加河南剿匪，立二等功。
1950年，随18军53师进军西藏。
1958年，转业到贵州省交通医院任护士长、医师、门诊部副主任等职。
1986年，离休。

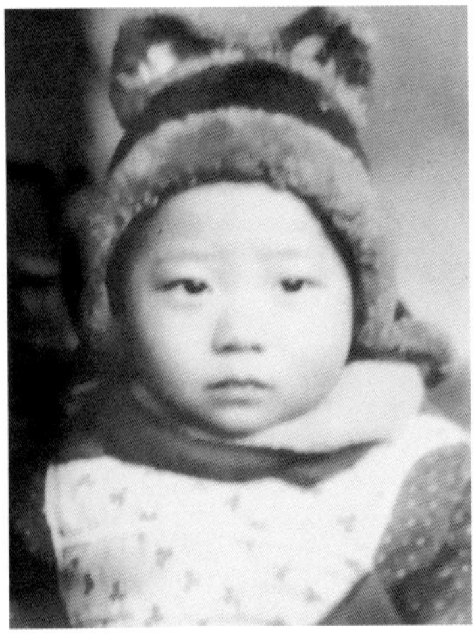

母亲，再回来我已经长大了。

进藏前，母子分别留影。

同为战友的丈夫在昌都

一双儿女，又增添了一份牵挂。

张秀年

1928年8月出生，天津市人。
1945年，毕业于天津唐官屯镇完全小学。
1949年，考入北京华北大学三部音乐系。
1949年，加入中国人民解放军第二野战军文艺新闻大队，南下解放重庆。
1951年，调往十八军，在西藏工作10年。先后在西藏军区政治部文工团任演员，西藏军区政治部文化部任广播员、图书管理员。
1961年，调甘肃省图书馆任馆员。
1984年，离休。

1951年康藏公路途中

张秀年彩色军装照

女声小合唱《二郎山》，张秀年（前排中）。

张秀年22岁军装照

洪启惠

1932年3月出生，四川省合江县人。
1948年，入党。
1950年，参军，军大分校三大队后转十八军卫校。
1952年，五十三师卫生营助理军医。
1958年，西藏成办卫生科医生。
1976年，西藏西安办事处兰州分处医生。
1981年，西藏西安办事处主治医生。
1988年，离休。

1955年授衔准尉后晋少尉洪启惠

十八军卫校九班右上一洪启惠，下排左一陈焕华（平叛中已牺牲）

后排右一洪启惠，右四球队指导员

1951年甘孜机场修建二等功洪启惠（右一）

1955年6月，五十三师卫生营助理军医洪启惠（左）。

吴宝来

1943年1月出生，河南省新乡县人。
1962年，在北京第三十四中学高中毕业。
1962年，西藏军区入伍。
1962年，中国人民解放军步兵第11师33团3营战士，参加中印边境自卫反击作战。
1965年，复员调回中央新闻纪录电影制片厂，先后任摄影助理、摄影师、制片主任、行政处副处长等。
2003年，退休。

1962年7月，在北京。

出征之前

兰州黄河大桥上留影

从右往左：吴宝来、蔡德崑、梁德成、刘念远，中间两位是英文翻译。

穿藏装也是军人的时尚

吴延安

1952年7月出生，陕西省西安市人。
1973年，北京大学历史系中国史专业读书。
1976年，西藏自治区日喀则地区樟木口岸立新公社立新生产队插队。
1978年，西藏自治区日喀则地区樟木口岸文教科干事。
1982年，上海市纺织工业局毛巾被单工业公司。
1992年，上海恒泰纺织品有限公司。
2007年，上海市对外服务有限公司。
2009年，上海市民光进出口有限公司。
2012年，退休。

1976年，在樟木烈士陵园。

1980年，樟木口岸文教科合影（前中）。

1976年，在樟木口岸立新公社立新生产队务农点。

1976年9月，北京大学十一名赴藏大学生，在北大认真学习党报党刊（靠墙左一）。

1976年，在樟木口岸立新公社立新生产队（左一）。

1977年，在樟木口岸烈士陵园（右一）。

范绍先

1932年3月出身生，四川省泸州市叙永县人。
1950年，参加中国人民解放军18军52师，历任学员、测绘员、参谋等职。
1955年，南京二野军政大学学习。
1961年：参加中印自卫反击战。
1970年，转业四川省泸州市叙永县印刷厂。
1986年，退休。

青年时期的范绍先夫妇

1955年，于南京军校。

鲜花陪伴下的晚年

淡定从容

涂世英

1943年9月出生，江西南昌人。
1949年，入伍。
1950年，随18军进军西藏，先后在汽车一团、西藏军区后勤部任宣传员、秘书等职，参加甘孜机场的修建以及进藏途中的汽车运输任务。
1971年，转业回上海，在医用仪表厂任支部书记、 纪委书记等。
1994年，离休。

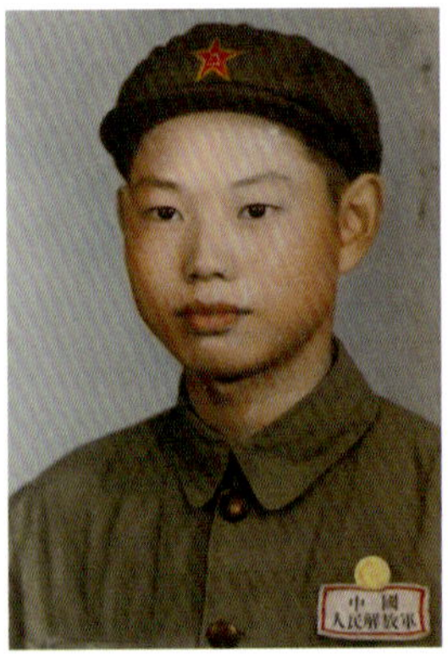

没有领章一样神气！

1951年康定，涂世英（后排左一）。

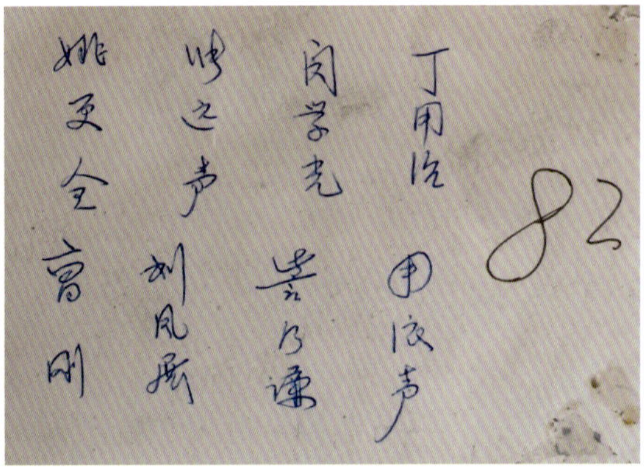

人名标注

穿上授衔的服装，留个纪念。

军装合影

郭冠忠

1934年2月出生，河南省固始县人。
1949年，18军随营学校8中队入伍。
1951年，随18军先遣支队进藏，先后在先遣支队政治部秘书科、中共西藏工委政策研究室、西藏自治区农牧局等工作。
1977年，内调湖南长沙汽车修理厂任副厂长。
1978年，调中国社会科学院民族研究所工作，曾任民族关系研究室副主任、中国民族理论学会理事、副研究员。
1994年，离休。

参与了我国首部《民族区域自治法》的起草和编制工作，知名藏学家。

六十年代在拉萨

入伍时的郭冠忠

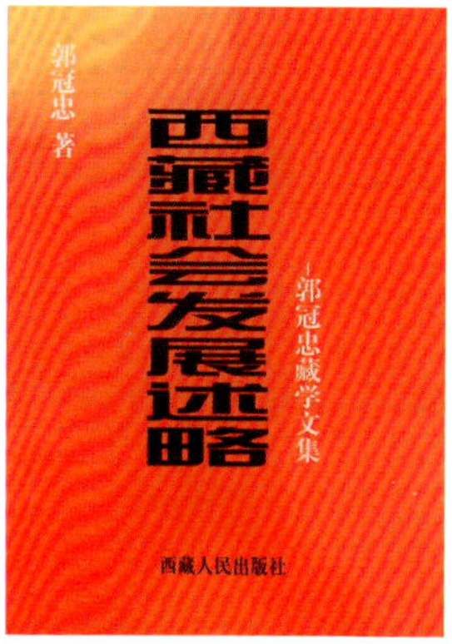

编著的《西藏社会发展述略》

18军随营学校战友合影，郭冠忠前排右六。

先后撰写、编译《西藏是中国领土不可分割的一部分》《中共西藏党史大事记》《民族词典》《论西藏政教合一制度》等论文和著作。

黄宗勤

1929年12月出生，河北省沙河县人。

1948年，编入18军52师155团二营六连通讯员，后作战英勇提拔为二营六连三排排长。1950年，三排参加昌都战役，集体荣获二等功，个人获三等功。

1951年，开始修川藏公路昌都到太昭段。

1955年，提拔为二营副营长。后在西藏军区步校（拉萨白定）、西藏军区（安仁镇）步兵学校学习、南京军区步兵学校学习。

1962年，在步校学习期间，带领学员参加了中印自卫反击战，

1962年，西藏边防二团副团长（山南），山南军分区副参谋长。

1965年，任日喀则军分区副司令员。

1984年，山南军分区顾问。

1988年，离休。

黄宗勤

1952年，军首长到52师视察。

战士们自己制作的过索桥的伐子

1978年，山南军分区参加军区运输先进代表大会留念。

盛瑞玲

1933年5月出生，山东省邹城人。
1962年，由重庆市第四人民医院内科调西藏那曲人民医院内科工作，在藏工作12年。
1974年，调北京中国矿业大学校医院主治医师。
1988年，退休。

1963年-1964年那曲留影

1963-1964年那曲留影

“文化大革命”期间在拉萨

有气质！

靳朗公

1925年10月出生，河南省杞县人。
1941年，进入“筑先”抗日学校学习。
1942年，转入“抗大”六中学习。
1943年，冀鲁豫军区水东独立团（三十团），历任教员、指导员。
1949年，编入18军53师157团，历任教导员、政治处主任。
1950年，进军西藏。
1950年，转业贵州省交通厅，后调省运输公司和省公路局工作，历任副科长、政治部主任和党委副书记等职务。
1985年，离休。

志同道合的18军战士

革命战士的爱情

父子情深、短暂的团聚

照相馆留个全家团圆照

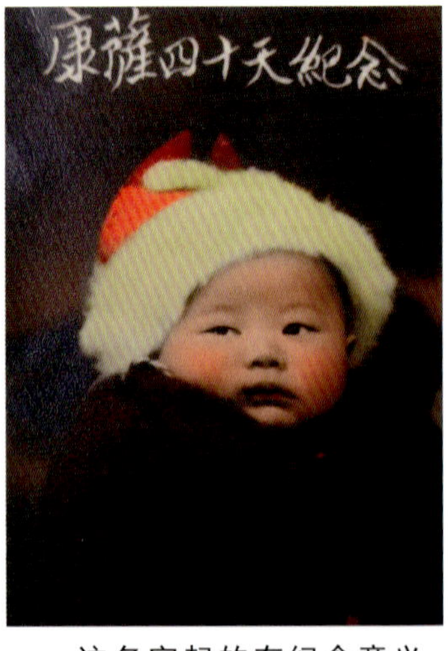

这名字起的有纪念意义

靳广明

1922年12月出生，河南省杞县人。
1942年，　新四军水东独立团参军。
1942年，　冀鲁豫军区抗大八分校学员。
1944年，　新四军水东独立团(12分区)供给处，任会计。
1947年，　河南省睢县县南区妇联主任。
1949年，　河南省商丘县城关区妇联主任。
1950年，　18军“妇联”，任指导员。
1952年，　西藏波密地区妇女联合会任副书记。
1955年，　扎木中心县委组织部副部长。
1957年，　昌都地委组织部，组织科副科长。
1964年，　内调西藏驻成都办事处，后离职休养。

靳广明与丈夫苗丕一及儿女

既是女兵又是母亲

在波密

在昌都

豆蔻年华

魏兆魁

1919年8月出生，河北保定蠡县人。
1937年，参加革命。
1950年，随18军进藏 ，曾任通麦兵站连长，后任西藏军区驻川办事处行政科长。
1958年，转业四川岷江电厂工会主席。
1973年，因病去世。

免冠照片同样英武

呵呵，魏老身形伟岸！

授衔后留影

1976年，全家合影少了父亲。

夫妻同为军人

让我们永远记住这些老战士、老西藏的名字

（按姓氏笔画排列）

王质彬	王树仁	王志林	史须昌	龙镇元
刘慕作	刘继荣	刘倩龙	陆长宏	张雪玲
陈钦鑑	陈冬明	李正大	余大新	赵振维
张世芳	张秀年	洪启惠	吴宝来	吴延安
范绍先	涂世英	郭冠忠	黄宗勤	盛瑞玲
靳朗公	靳广明	魏兆魁		

十五、藏北草原风情录

——新华社记者藏北摄影作品选编

作者简介：

唐召明，1957年出生山东，新华社高级记者。

1987年初调新华社西藏分社，在藏工作期间，作为摄影记者，唐召明曾不畏高寒和缺氧，多次深入藏北无人区双湖、文部等地，用手中的摄影机，拍摄了数万张有关历史变迁、民俗、野生、生活等系列图片，人物和场景极具地域和时代特征，堪称藏北草原“风情录”。

这里选登的是一组风格迥异的藏北人物、民俗风景图。

现为中国摄影家协会会员、中国新闻摄影学会会员。

雪山皎月（拍摄于1988年）

席地而坐（拍摄于1987年）

恩赐 、劳作（拍摄于1987年）

雪灾、“神鹰“与牧女（拍摄于1990年巴青县）

“举重，谁与我争锋”（拍摄于1987年那曲镇）

盛装下的羞涩（拍摄于1987年那曲赛马会）

皮袄青年

嘿，当心我的“吾尔多”。（拍摄于1998年）

裹不住的美艳（拍摄于1995年）

我是姐和妹，人称“高原红”，不惧飞雪寒，腮红最风流。（拍摄于1995年）

笑醉了太阳，笑睡了牛。（拍摄于1988年）

捻岁月：阿妈啦，长大了我来帮您捻。（拍摄于1987年）

捻岁月：我长大了。（拍摄于1987年）

后 记

手捧西藏老照片·心中念念不忘共产党|陈琳

附:《读后感》三篇|陈永泰 范亚平 鲍彭庚

后记

手捧西藏老照片 心中念念不忘共产党

自2013年以来，大型系列纪实《老照片·新西藏》已经连续出版发行六集了。

七年多来，我陆续收到了来自北京的首批进藏女兵李国柱、18军老战士王贵、成都西北18军进藏老战士甘耀忠等老同志的“读后感”，这中间有短文、微信留言和书法，有的尽管只有三言两语，每看一遍，字里行间洋溢着前辈们对西藏的深深眷恋和祝福，令人感动，给我鼓舞和鞭策。

这一集选编了1960年毕业于中央民族学院、终身供职于西藏高等教育的首批“民院人”范亚平，新疆先遣连烈士、一等功臣陈忠义之子陈永泰（著名书法家），18军54师今年92高寿的老战士鲍彭庚的″读后感″来稿。

范亚平等三位老西藏来自不同的行业、不同的地域，有不同的西藏生活经历，但他们饱蘸着革命的热情，共同写下了对不忘初心的期盼、追求；对往日岁月的崇敬和向往；对新西藏的祝福。挥毫泼墨，激扬文字，值得一读。

人民创造了历史，我们在《老照片·新西藏》里看到了他们的足迹。

陈琳

2019年3月18日

附：《读后感》三篇

一、陈永泰读后感

陈永泰书法

二、范亚平读后感

（图文源自：2017年11月06日《 中国西藏网》）

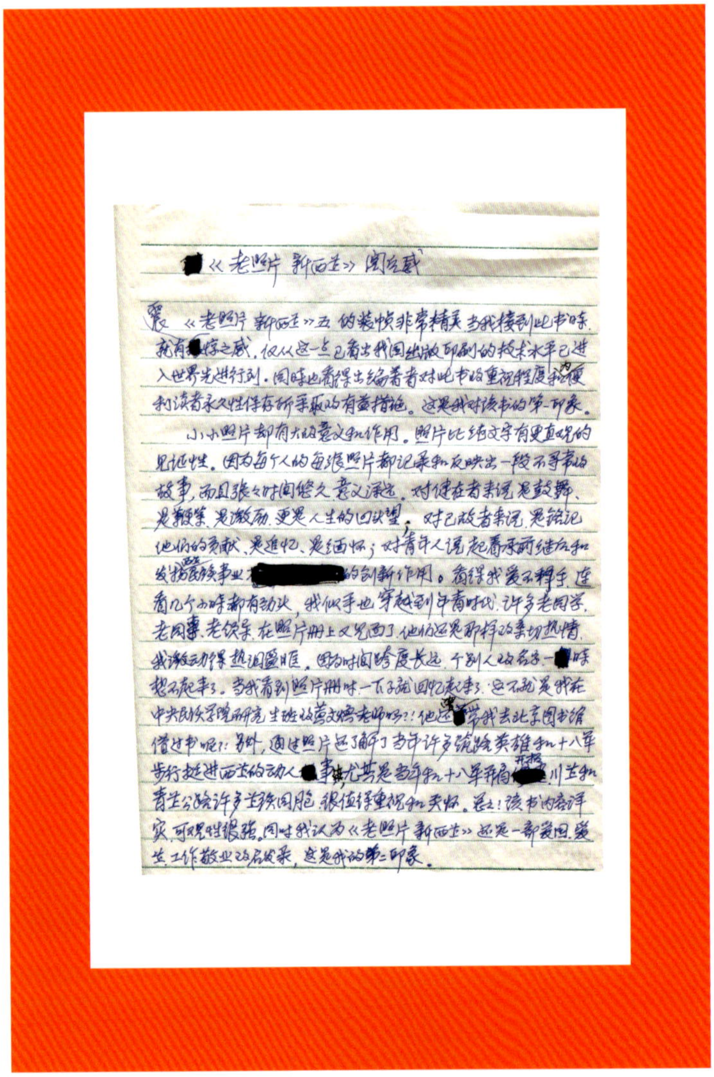

[redacted]《老照片 新西藏》阅后感

《老照片 新西藏》五 的装帧非常精美，当我接到此书时，就有[redacted]惊之感。仅从这一点已看出我国出版印刷的技术水平已进入世界先进行列。同时也看得出编著者对此书的重视程度和为便利读者永久性保存所采取的有益措施。这是我对该书的第一印象。

小小照片却有大的意义和作用。照片比纯文字有更直观的见证性。因为每个人的每张照片都记录和反映出一段不寻常的故事，而且张张时间悠久，意义深远。对健在者来说是鼓舞、是鞭策、是激励，更是人生的回眸；对已故者来说，是铭记他们的贡献、是追忆、是缅怀；对青年人说起着承前继后和发扬西藏民族事业[redacted]的创新作用。看得我爱不释手，连看几个小时都有劲头，我似乎也穿越到了青年时代。许多老同学、老同事、老领导在照片册上又见面了，他们还是那样的亲切热情，我激动得热泪盈眶。因为时间跨度长远，个别人的名字一[redacted]时想不起来了。当我看到照片册时一下子就回忆起来了。这不就是我在中央民族学院研究生班的黄文焕老师吗？！他还[redacted]带我去北京图书馆借过书呢？！另外，通过照片还了解了当年许多藏族英雄和十八军步行挺进西藏的动人[redacted]事迹，尤其是当年和十八军并肩开拓[redacted]川藏和青藏公路许多藏族同胞，很值得重视和关怀。总之！该书内容详实，可观性很强。同时我认为《老照片 新西藏》还是一部爱国、爱藏、工作敬业的启发录，这是我的第二印象。

范亚平手迹

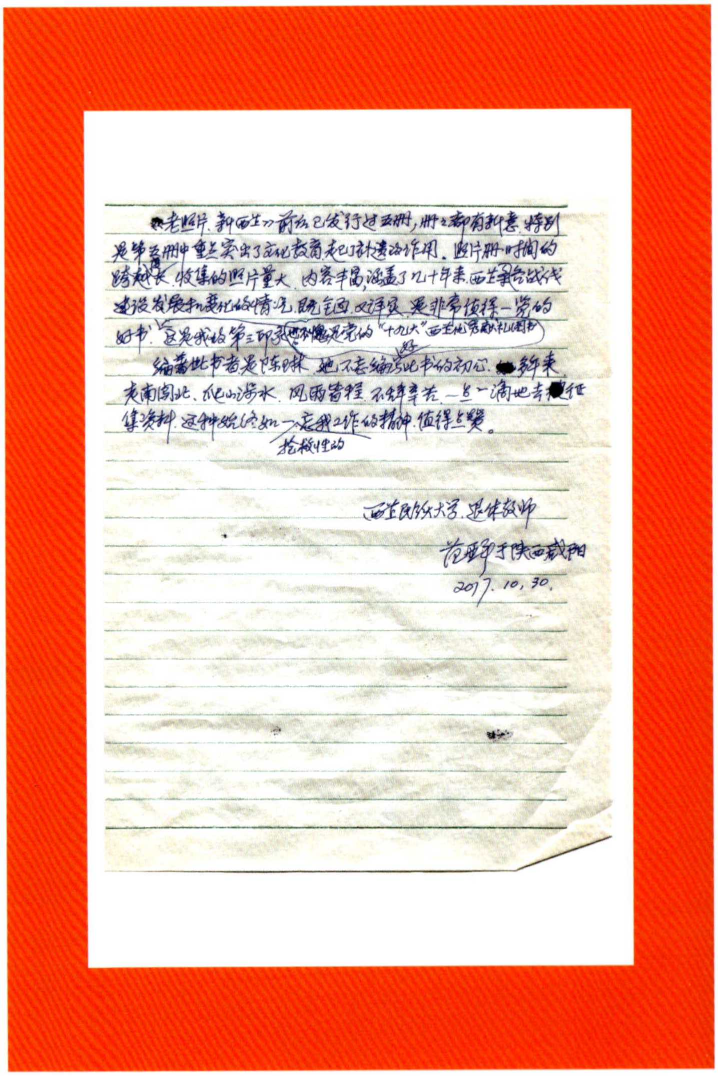

《老照片 新西藏》前后已发行过五册，册册都有新意，特别是第五册中重点突出了文化教育，起了承前启后的作用。照片册时间的跨越度长，收集的照片量大，内容丰富，涵盖了九十年来西藏各个时代建设发展和变化的情况，既全面又详实，是非常值得一览的好书。这是我的第三印象。也不愧是党的"十九大"西藏优秀献礼图书。

编著此书者是陈琳，她不忘编写此书的初心，[redacted]多年来走南闯北、爬山涉水，风雨兼程，不辞辛苦，一点一滴地去[redacted]征集资料。这种始终如一、抢救性的忘我工作的精神，值得点赞。

西藏民族大学 退休教师

范亚平于陕西咸阳

2017.10.30.

范亚平手迹

《老照片·新西藏》阅后感

《老照片·新西藏》(五)装帧非常精美。当我接到此书时，就有震惊之感。仅从这一点已看出我国出版印刷的技术水平已进入世界先进行列。同时，也看得出编著者对此书的重视程度，和为便利读者永久性保存所采取的有益措施。这是我对该书的第一印象。

小小照片却有大的意义和作用。照片比纯文字有更直观的见证性。因为每个人的每张照片都记录和反映出一段不寻常的故事，而且张张时间悠久、意义深远。对健在者来说是鼓舞、是鞭策、是激励，更是人生的回头望；对已故者来说，是铭记他们的贡献，是追忆、是缅怀；对青年人来说，起着承前继后和发扬西藏民族事业的创新作用。看得我爱不释手，连看几个小时都有劲头，我似乎也穿越到青年时代，许多老同学、老同事，老领导，在照片册上又见面了。他们还是那样的亲切热情，我激动得热泪盈眶。

因为时间跨度长远，个别人的名字一时想不起来了。当我看到照片册时，一下子就回忆起来了，这不就是我在中央民族学院研究生班的黄文焕老师吗？！他还曾带我去北京图书馆借过书呢？！

另外，通过照片还了解了当年许多筑路英雄和十八军步行挺进西藏的动人事迹，尤其是当年和十八军并肩开拓川藏和青藏公路，许多藏族同胞很值得重视和关怀。

总之，该书内容详实，可观性很强。同时我认为《老照片·新西藏》还是一部爱国、爱藏，工作敬业的启发录，这是我的第二印象。

《老照片·新西藏》前后已发行过五册，册册都有新意，特别是第五册中重点突出了文化教育，起了补遗的作用。相册时间跨越度长，搜集的照片量大，内容丰富，涵盖了几十年来西藏各条战线发展和变化的情况，即全面又详实，是非常值得一览的好书，也不愧是党的“十九大”西藏优秀献礼图书。这是我的第三印象。

编著此书作者陈琳，她不忘编写好此书的初心，多年来走南闯北、爬山涉水、风雨兼程、不辞辛苦，一点一滴地去征集资料，这种始终如一、抢救性的忘我工作的精神，值得点赞。

西藏民族大学退休教师

范亚萍于陕西咸阳

2017. 10. 30

三、鲍彭庚读后感

鲍彭庚书法

收录、馆藏情况

系列《老照片·新西藏》收录情况：

国家新闻出版总署

中国藏学出版社

西藏自治区新闻出版局

西藏人民出版社

系列《老照片·新西藏》馆藏情况：

中国国家图书馆

中国军事博物馆

中国航空博物馆

中国（北京）西藏文化博物馆

西藏百万农奴解放纪念馆

西藏民族大学图书馆

西藏图书馆

西藏博物馆

西藏军区军史馆

北京西藏中学图书馆

武汉西藏中学图书馆

天津红光中学图书馆